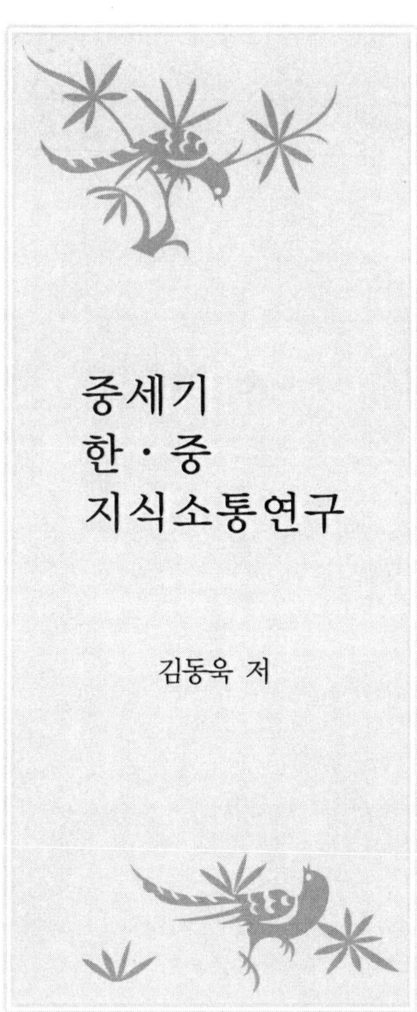

중세기
한·중
지식소통연구

김동욱 저

박문사

| 머리글 |

지금까지 中世紀 東北아시아 지역, 특히 韓·中間의 文學 및 學術的 交流는 比較文學的 관점이나 影響관계로 파악해 온 것이 사실이다. 그러나 일견 영향을 미치고 그 영향을 받아들이는 일방적인 관계로 보이는 것들도 좀 더 깊이 들여다보면 相互授受의 측면이 있음을 발견할 수 있다. 이러한 상호수수의 측면을 최근에는 疏通이라는 술어로 나타내고 있다. 소통 가운데서도 문학적 측면과 학술적 측면의 소통은 知識疏通이라고 일컬을 수 있다.

중세기 국가 간의 지식소통의 통로는 여러 가지로 상정해 볼 수 있다. 飜譯과 飜案에 의한 것, 留學生이나 留學僧을 통한 것, 賓貢科나 制科及第者를 통한 것, 使臣의 往來나 子弟軍官을 통한 것, 僧侶間의 交遊를 통한 것, 儒僧間의 交遊를 통한 것, 譯官을 통한 것, 漂流民을 통한 것, 捕虜를 통한 것, 文化的 表象을 통한 소통 등이 그것이다.

이 책에서는 儒僧間의 交遊, 使行의 子弟軍官과 中國人의 交遊, 文化的 表象을 통한 소통 등의 경우를 실제 사례를 통해 살펴보고, 그 知識疏通上의 意義를 考察해보고자 한다.

끝으로, 부족한 원고를 보기 좋은 책으로 꾸며주신 도서출판 박문사의 윤석현 사장님과 권석동 본부장님을 비롯한 편집진에 깊은 감사의 뜻을 전한다.

임진년 겨울 들머리에
김동욱 씀

| 목차 |

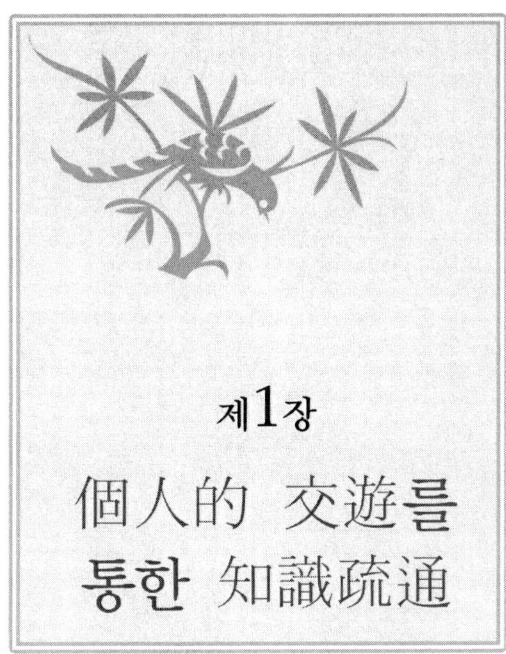

개인적 교유를 통한 지식소통의 사례는 留學生이나 留學僧을 통한 것, 賓貢科나 制科 及第者를 통한 것, 僧侶間의 交遊를 통한 것, 儒僧間의 交遊를 통한 것, 譯官을 통한 것, 漂流民을 통한 것, 捕虜를 통한 것 등 다양하다.

新羅末 遣唐留學生 崔致遠의 경우를 비롯하여 시대별로 여러 가지 사례가 연구된 바 있다. 高麗後期, 특히 元 干涉期의 고려에서 이 땅의 승려와 원나라 문인 사이의 교유는 당연히 있을 법하면서도 그러한 사례가 별반 남아 있지 않다. 여기서는 麗元時期 儒僧間 지식소통의 일단을 밝혀보고자 한다.

高麗僧과 元 文人의 文學的 知識疏通

1. 머리글

韓中間 中世文化의 교류는 ①留學生(僧)을 통한 것, ②及第者를 통한 것, ③使臣의 往來를 통한 것, ④僧侶間의 交遊를 통한 것, ⑤子弟軍官을 통한 것, ⑥譯官을 통한 것, ⑦漂流民을 통한 것, ⑧捕虜를 통한 것 등으로 상정해볼 수 있다. 이 가운데 麗元間의 문화 교류는 주로 ②, ③, ④에 의해 이루어졌다고 할 수 있다.

麗元時期의 교류관계를 좀더 구체적으로 제시해 보면, 첫째는 麗元 文人間의 交遊를 들 수 있다. 이에 관해서는 몇몇 기존의 연구에서 밝혀졌듯이[1], 고려의 문인으로 元制科에 급제한 인물들이나 충선왕을 수행

---

1) 金時鄴, 「麗元間交流文學에 對하여」, 『韓國漢文學研究』5, 韓國漢文學研究會, 1980-81., 李慧淳, 「高麗後期 士大夫文學과 元代文學의 관련양상」, 『韓國漢文學研究』8, 韓國漢文學研究會, 1985., 高惠玲, 「稼亭 李穀과 元 士大夫와의 交遊」,

하여 元都에 머물렀던 사람들과 元 文人들과의 문화 소통이거나 혹은 오가는 使臣間의 交遊를 통한 소통이었다.

둘째는 麗元 僧侶間의 交遊에 의한 소통이 이루어졌다는 점이다. 이에는 여원 승려간의 師承關係가 대부분을 차지하고 있다. 예컨대, 元僧 大同(1290-1370)을 사승한 고려의 승려로 姜山, 景德, 明善, 若蘭, 延壽, 仁靜 등이 확인된다.2) 또한 고려의 玉田禪師가 元代에 西域에서 온 指空에게 薙髮受戒를 하였다.3)

그 밖에 圓明國師 沖鑑(1275-1340)이 중국 강남지방을 遊歷할 때 臨濟宗 楊岐派의 고승이자 蒙山 德異의 제자인 鐵山瓊(紹瓊)禪師와 가까이 지냈고, 철산경이 고려에 왔을 때 3년간 함께 지낸 사실을 통해 修禪社 계통과 임제종과의 교류를 확인할 수 있는 바4), 이는 사승관계를 떠난 여원 승려간의 교유라고 할 수 있다.

셋째는 忠宣王과 元僧 普容(1251-1320) 및 中峯 明本(1263-1323) 사이의 약간 특이한 사승관계이다. 충선왕은 江浙 지방을 遊歷하면서

『民族史의 展開와 그 文化』上, 창작과비평사, 1990., 朴現圭, 「李齊賢과 元文人들과의 交流考」, 『嶠南漢文學』3, 嶠南漢文學會, 1991. 등이 대표적인 업적이다.

2) 宋濂, 「佛心慈濟妙辯大師別峯同公塔銘」, 『宋學士文集』, 권58. "公諱大同 字一雲 其號別峯 越之上虞王氏子…高麗藩王 遣參軍洪瀹 施大藏經於二浙 瀹自負通內外典 不復下人 入越見公 茫然如有失力 言王邀公遊燕都 將振拔之過吳 辭以疾而還…其嗣法分布列刹者 則妙心大衍皋亭善現 高麗若蘭景德仁靜姜山明善延壽…"

3) 李穡, 「松月軒記」, 『牧隱文藁』, 권4. "前林觀寺住持玉田禪師 以吾座主歐陽先生所書松月軒三字 求記於予日 泰定間 西天指空師 至東國 予以夙因 見而悅之 逐從之 薙髮受戒."

4) 危素, 「高麗林州大普光禪寺碑」, 『危太樸文續集』, 권3. "… 師諱沖鑑 號雲峰…拂衣遊諸方 宿留吳楚 聞鐵山瓊禪師道行甚高 迎之東還 師執侍三載 瓊公甚期待之 瓊公辭歸 師主龍泉寺 始取百丈海禪師禪門清規行之."

寶陁山에 참배하러 가는 도중 四明山 乾符寺의 보용을 방문하여 제자의 예를 행하였다고 한다.5) 또한 명본을 제자의 예로 받들고 법명과 법호를 청하여 각각 勝光과 眞際로 전해 받은 뒤 獅子庵 아래 眞際亭을 세우고 이를 기록하였다고 하는 바6), 이는 충선왕이 강남 지역 여러 계통의 불교세력과 긴밀히 연결하기 위해 노력한 흔적이라고 할 수 있다.7)

넷째는 高麗僧과 원나라 문인간의 교유를 들 수 있다. 이에 해당하는 사례를 이 글에서 다루고자 하나, 고려 후기의 승려들에 관한 자료가 몇몇 國師나 王師 등 널리 알려진 인물의 경우를 제외하고는 갖추어 전하는 것이 없는 형편이다. 오히려 중국측 자료에 고려승에 관한 기록이 국내보다 비교적 소상히 남아 있어 이를 토대로 그 일부를 더듬어 보고자 한다.

이에 해당되는 승려로 幻菴 混脩, 無說長老 宏演, 玉田禪師 達蘊, 式無外, 月潭長老, 嚴·衍上人 등이 확인된다.8) 이 가운데 식무외에 관해서는 기왕에 논의가 이루어졌고,9) 옥전선사나 월담장로10), 엄·연

---

5) 黃溍, 「四明乾符寺觀主容公塔銘」, 『金華黃先生文集』, 권42. "四明乾符寺觀主大師諱普容…駙馬都尉瀋王謁寶陀洛迦山 道出四明 膜拜執弟子禮."

6) 虞集, 「智覺禪師塔銘」, 『道園學古錄』, 권48. "駙馬太尉瀋王王璋 使人從師問法意 以爲未足 請於上 親往見之 旣見 構亭巖前 曰眞際 表得法也.", 鄭元祐, 「元普應國師道行碑」, 『僑吳集』, 권11. "高麗瀋王 以天屬懿親 萬里函香拜禮.", 釋廣賓撰, 釋際界增訂, 『西天目祖山志』, 권3, "檀賢 …瀋王王璋 號海印居士 高麗駙馬太尉瀋王也 向天目中峯和尙之道 遣官致幣 紓弟子禮…名曰勝光 字曰眞際 因建亭山中 以志芳躅."

7) 北村高, 「高麗王王璋の崇佛」, 『東洋史苑』24·25, 1985. 참조

8) 張東翼, 『元代麗史資料集錄』, 서울대 출판부, 1997., 28-29쪽. 및 李齊賢, 『益齋亂藁』, 권5. 참조

9) 朴現圭, 「高麗僧 式無外의 文學歷程」, 『韓國學報』72, 一志社, 1993년 가을호

10) 李齊賢의 글에 의하면, 月潭長老는 元 문인 歐陽玄(1283-1357)과 교유하였던 心禪師임을 알 수 있다. 그 밖에 이제현이 그와 관련하여 지은 시 두 편이 전할 뿐

상인의 경우는 이들의 생애나 행적에 관한 기록이 별반 남아 있지 않아
당장 논의하기가 어려운 실정이다. 따라서 이 글에서는 환암, 무열 등 고
려승과 원나라 문인간의 문학 교유에 관해 고찰하고자 한다.

2. 幻菴 混脩

2.1. 幻菴의 자취

환암 혼수의 경우는 權近이 쓴 碑文이 남아 있어 그의 생애와 행적을
비교적 소상히 알 수 있다. 그의 이름은 混脩, 자는 無作, 법호는 幻菴
이며 속성은 豊壤趙氏로, 憲部散郎을 지낸 아버지 叔鴿과 어머니 淸州
慶氏 사이에서 1320년(충숙왕7) 둘째 아들로 태어났다. 그는 麗末鮮初
의 名臣인 趙云仡(1332-1404)의 숙부이기도 하다. 그의 家系圖는 다음
과 같다.

```
趙孟 … 之蘭 - 溫珣 - 振圭 - 晶 ┬ 幼鴿
                              │
                              ├ 叔鴿 ┬ 虔   ┬ 云仡
                              │      └ 混脩  └ 云价
                              └ 季鴿
```

행적을 추적할 자료가 없는 형편이다. 李齊賢, 「書檜巖心禪師道號堂名後」, 『益
齋亂藁』, 권5. "主上殿下 大書直指堂月潭五字 以賜檜巖心禪師…心公北遊燕
趙 南抵湖湘 歷叅尊宿 爲千巖無明長老所印 翰林歐陽承旨 作偈以美之.", 같은
책 제4권에 「月潭長老二畵」라는 제목 아래 「涉公降龍」, 「豊干伏虎」 등 두 편의
시가 실려 있다.

환암이 12세 되던 해에 그의 어머니가 그를 대선사인 繼松에게 보내 머리를 깎고 내외 경전을 익히게 하였는데, 남달리 총명하고 지혜가 나날이 열려 높은 명성을 떨쳤고 드디어는 그 스승의 다음 자리를 차지하게 되었다.

환암은 1341년(충혜왕 후2) 禪試에 응시하여 上上科로 합격하였고, 7년 뒤인 1348년(충목왕4) 가을에는 금강산에 들어가 그로부터 2년간 정진하였다. 그로부터 5, 6년간 어머니를 모시고 지내다가 어머니가 돌아가신 뒤 禪源寺에 가서 息影菴에게 楞嚴經을 배웠다. 그 뒤 그는 忠州의 靑龍寺 서쪽 산기슭에 宴晦菴을 짓고 거처하였다.

1370년(공민왕19) 왕이 懶翁으로 하여금 功夫選場을 열어 주재토록 하였을 때 환암만이 홀로 인증을 받았다. 그 후로 우왕 때에 이르기까지 수차례나 궁궐 내원으로 불려 들어갔다가 빠져 나오는 일이 되풀이되었다. 그러다가 결국 1383년(우왕9) 4월에 國師로 책봉되어 충주의 開天寺에 상주하게 되었다.

1392년 7월 조선왕조가 개국한 뒤 얼마 후에 僧職에서 물러나 청룡사로 옮겼다. 9월 18일 저녁에 입적하매 같은 달 25일에 연회암 북쪽 산기슭에서 茶毗하였다. 나라에서 普覺이라는 시호와 함께 定慧圓融이라는 塔號를 내리고 浮屠를 만들어 충주 청룡사에 안치하였다. 그는 문하에 33인의 제자를 두었는데 出家 제자가 25인이고 在家 제자가 8인이었다. 재자 제자 8인은 柒原府院君 尹桓, 領三司事 李仁任, 判門下 崔瑩, 侍中 林堅味, 守門下侍中 李成林, 朝鮮 太祖 李成桂, 鐵城府院君 李琳, 三司左使 廉興邦 등이었다.[11]

____

11) 혼수의 생애를 살피는 데는 權近, 「有明朝鮮國普覺國師碑銘幷序」, 『陽村集』,

碑銘과 僧傳 외에 조선조 초기 成俔의 기록이 다음과 같이 남아 있어 참고가 된다.

승려인 혼수의 호는 환암이다. … 머리를 깎고 승려가 되어 불경을 배우니 명성이 매우 자자하여 같은 무리들이 감히 그를 능가하지 못하였다. … 그 뒤에 식영암을 스승으로 섬기며 능가경을 배우니, 모든 승려들이 그 거죽을 핥았으나 혼수만이 홀로 깊이 오묘한 도를 깨달았다. … 신우가 드디어 국사로 삼았으나 스님이 이 소문을 듣고 기뻐하지 아니하며 게를 짓기를, "30년 동안 속세에 들어가지 아니하고 물가와 수풀 밑에서 참된 성정을 길렀는데, 누가 시끄러운 인간사를 가지고 소요하여 자재한 몸을 속박하고자 하는고"하였다. 하루는 청룡사에서 병이 들어 문인을 불러 후사를 부탁하기를, "내가 가면 늦겠으니 늦게 이르면 담에 의지하라." 하고 게를 지어 이르기를, "천운에 맡기고 마음대로 일생을 보내니, 병중의 소식이 또한 분명하도다. 나의 돌아가는 곳을 알 사람이 없을 것이니, 창 밖의 흰 구름이 푸른 병풍에 비꼈도다." 하고 엄연히 서거하였다.[12]

2.2. 國內 文人들과의 交遊

환암의 행적을 엿볼 수 있는 국내 자료로는 고려 문인들이 남긴 시문이 있다. 환암은 遁村 李集(1314-1387), 牧隱 李穡(1328-1396), 耘谷

권37. 및 覺岸, 「幻菴國師傳」, 『東師列傳』, 권2.를 참고하였음.

12) 成俔, 『慵齋叢話』, 권6. "釋混修號幻庵 … 祝髮爲釋 習竺墳 名聲藉甚 儕流莫敢抗而倫之 … 後師事息影庵 習楞伽經 衆皆粗得其皮 師獨深味骨髓 … 辛禑遂以爲國師 師聞之不懌然 作偈云 三十年來不入塵 水邊林下養情眞 誰將擾擾人間事 係縛逍遙自在身 一日在靑龍寺有疾 喚門人囑後事曰 吾行在晚 至晚倚墻 作偈曰 任運騰騰度一生 病中消息更惺惺 無人識得吾歸處 窓外白雲橫翠屛 儼然而逝."

元天錫(1330-?), 圓齋 鄭樞(1333-1382), 柳巷 韓脩(1333-1384), 圃隱 鄭夢周(1337-1392), 陶隱 李崇仁(1349-1392) 등의 시문에서 교유 사실이 확인되는 바, 특히 목은과 가까이 지낸 것으로 보인다. 목은이 쓴 「幻菴記」에 그러한 사정이 언급되어 있다.

> 내 나이 아직 스무 살이 안 되어 산중에 가서 노니는 것을 좋아하였다.…좀 자라서는 선비 열여덟 사람과 계를 맺어 친하게 지냈다. 지금 천태종의 원공과 조계종의 수공이 함께 하였었다. 서로에게 많은 것을 배우고 크게 기대하기도 하였음은 다시 말해 무엇하랴. 내가 연경에 가서 관학에 다니게 되자 수공도 산으로 들어갔는데 이제 30년이 되었다. 간혹 서로 만나 자게 되면 지난날 수많은 시를 짓고 질펀하게 술 마시던 것을 회상하곤 하였다. 어찌 그런 날이 다시 올 수 있겠는가. 정말 꿈만 같고 참으로 허깨비 같았다.13)

이 글을 통해, 목은은 환암이 아직 출가하기 전부터 詩酒를 주고받으며 사귀었음을 알 수 있고 목은이 燕京의 官學에 다닐 무렵 환암도 元의 山門에 있으면서 간혹 서로 만났었던 사실을 확인할 수 있다. 또한 목은의 만년에는 환암의 제자들에게도 「送玹上人序」14), 「平源說」15)

---

13) 李穡, 「幻菴記」, 앞의 책, 같은 곳. "予之末冠也 喜遊山中 與釋氏狎…稍長 縫掖十八人 結契爲好 今天台圓公曹溪修公與焉 相得之深 相期之厚 復何言哉 及予官學燕京 修公亦入山 今三十年矣 間或相値信宿 則別廻思前日詩酒淋漓 何可復得 信乎其如夢矣 信乎其如幻矣."

14) 李穡, 「送玹上人序」, 같은 책, 권8. "幻菴弟子 有子弟之秀者 許氏奇氏 年俱少 遭家禍 脫然去世 盖難得者也 奇氏名尙玹 有志四方 將求詠歌於詞人詩僧間 請穡序 穡以幻菴故不之辭."

15) 李穡, 「平源說」, 같은 책, 권10. "幻菴弟子分上人 從懶翁居 亦且數年 故得翁平源之號 墨跡尙新 而山水圖 又翁所得意 平遠可愛 而繼以送行之頌 觀於此翁之伎倆 殆無餘蘊矣 予與幻菴善 故當其求詩也不斬 今又索平源之說 予何忍辭 上人之得於翁者如此 夫豈無說乎 翁遊江南 嗣法於平山 則平乃翁之所自出也

등의 글을 써 주었으니 그 교유의 깊이를 짐작할 만하다. 뿐만 아니라 『牧隱詩藁』에는 환암과 관련하여 지은 시가 22題나 전하고 있다.[16) 그 밖에 당시의 문인들이 환암과 관련하여 지은 시도 7題를 찾아볼 수 있다.[17)

이 가운데 환암을 이해하는 데 도움이 될 만한 시를 살펴보면 다음과 같다.

(가)

강물은 천리 밖에서 흘러오고,

구름 낀 저 산은 몇 겹이나 되는가.

샘물이 돌 위에 떨어져 마음은 맑고,

소나무에 달 떠오르니 그림자는 고요하네.

而本源自性於是顯矣 合而言之曰 平源所以明其得於師者 非外物也 盖吾本性而已."

16) 1. 「寄脩上人」, 『牧隱詩藁』, 권4. 이하 표기한 권수는 모두 『牧隱詩藁』의 것임. 2. 「詠幻菴方丈石燈 是夜宿燈下 正當心上」, 권10., 3. 「奉懷幻菴」, 권11., 4. 「次圓齋韻」3, 권13., 5. 「明日又賦」2·4, 권13., 6. 「聞幻菴入城」, 권14., 7. 「憶幻菴」, 권17., 8. 「奉懷幻菴」, 권18., 9. 「奉題幻菴方丈」, 권18., 10. 「有懷幻菴」, 권19., 11. 「有懷幻菴」, 권22., 12. 「七月二十七日…監役密山君朴公 請予讚幻菴畵像 歸途發詠」, 권25., 13. 「歸家困臥」, 권25., 14. 「進無門侍者言吾師幻菴公今在原州瑞谷寺之洞白雲菴走筆附呈 無門名禧進」, 권26., 15. 「幻菴門人有求■■六者戲題」, 권29., 16. 「奉寄幻菴」, 권30., 17. 「絶磵南赴幻菴法會 過門告別 三首」2, 권31., 18. 「絶磵倫公遊靑龍回 以瓠蘆盛蕈萊相遺 又以幻菴書來投 喜甚 吟成一首」, 권31., 19. 「寄呈幻菴走筆」, 권33., 20. 「幻菴送書 惠以小詩上答」, 권35., 21. 「岑侍者告歸開天 走筆寄呈幻菴國師」, 권35., 22. 「寄呈幻菴」, 권35.

17) 1. 李集, 「送幻菴寄羅州判官」, 『遁村雜錄』, 2. 元天錫, 「重遊寂用菴」, 『耘谷行錄』, 권5., 3. 鄭樞, 「從幻菴長老 借楞嚴經 仍以敍懷」2, 『圓齋集』, 卷中., 「題幻菴詩軸」, 『圓齋集』, 권중., 4. 韓脩, 「幻菴」, 『柳巷詩集』, 5. 鄭夢周, 「幻菴卷子」, 『圃隱集』, 권2., 6. 李崇仁, 「題幻菴卷」, 『陶隱集』, 권3.

(스님은) 일찍이 선관의 비밀을 꿰뚫었는데,

오히려 (나의) 구업은 짙게 남아 있네.

어느 때 다시 서로 만나서

한밤중에 종소리 한번 들어볼까.

江水自千里 雲山知幾重 心淸泉落石 影靜月臨松
早透禪關密 猶餘語業濃 何時更相對 半夜一聞鍾)[18]

(나)

연회상인께서는 지금 어떠신지?

몸과 마음을 이미 삭가라에 부쳤네.

청풍 태수는 온통 시끄러운 일뿐이니,

조계의 노래나 한 곡 배워서 부를 것을.

宴晦山人今若何 身心已付爍迦羅 淸風太守渾鬧事 學唱曹溪一曲歌[19]

(가)는 목은이 환암을 생각하며 지은 시로, 목은이 바라본 환암의 수행 정도를 말한 것이다. 환암의 수행은 천리 밖에서 발원하여 흘러오는 강물처럼 연원이 깊고 구름에 가려 첩첩이 둘러 서 있는 산처럼 그 깊이를 헤아릴 수 없다고 하였다. 그것을 목은은 한 마디로 '禪關의 비밀을 꿰뚫은 것'이라고 하였다.

(나) 또한 목은이 환암에게 지어 부친 시로, 환암의 禪的 境地에 대해 말한 것이다. 환암은 30대에 충주의 청룡사 서쪽 산기슭에 宴晦菴이라

---

18) 李穡, 「奉懷幻菴」, 『목은시고』, 권11.
19) 李穡, 「寄脩上人」, 같은 책, 권4.

는 암자를 지어 거처한 바가 있으니, 연회상인은 곧 환암을 가리키는 말이다. 爍迦羅는 『능엄경』에 나오는 말로 堅固한 의지를 뜻한다고 한다.[20] '身心을 삭가라에 부쳤다'는 말은 결국 身心無動轉의 경지에 들었다는 의미로 읽을 수 있는 것이다.

이 시에서 말한 청풍 태수는 圓齋 鄭樞를 가리키는 듯하다.[21] 고을 수령을 맡고 있는 정추의 시끄럽고 골치 아픈 일뿐인 일상과 不動心의 경지에 든 환암의 일상을 대조하면서, 정추에게 그러한 부동심의 경지를 맛보도록 하였으면 하는 희망을 넌지시 환암에게 귀띔한 것이라 하겠다.

(다)
생사가 걱정스러움은 육신이 덧없기 때문,
환암은 한낱 미세한 티끌에 몸을 부쳤네.
송풍헌·강월헌이 늘 둘러싸고 있는 가운데
배움을 끊고 무위를 실천하는 한가한 도인일세.

生死悠悠是幻身 幻菴寄在一微塵 松風江月常圍繞 絶學無爲閑道人[22]

---

20) 『楞嚴經』에 "爍迦羅心無動轉"이라 하였고, 그 주에 "爍迦羅 此云堅固." 라고 하였음.
21) 李穡의 「次圓齋韻」이라는 시 제3수(『牧隱詩藁』, 권13.)의 "淸風當日紀行詩 每過驪興發妙思 決定無心從我去 光巖今有幻菴師" 라는 내용을 통해, 환암이 충주의 연회암에 있을 당시 청풍 태수로 있던 정추 사이에 교유가 있었음을 짐작할 수 있다.
22) 韓脩, 「幻菴」, 『柳巷詩集』.

(라)

환암 장로는 일찍이 속세의 욕념을 잊었는데,

어찌 지금처럼 주지가 되려 했으리오.

선생께 공대해 달라고 말씀 부치거니,

일찍이 한퇴지도 태전사를 받아들였었다오.

幻菴長老早忘機 豈意如今作住持 寄語先生敬相待 退之曾許太顚師[23]

(마)

적막한 광암에 봄이 돌아왔으나,

온종일 왕래해도 마주치는 사람이 드무네.

골짜기에 흐르는 물은 동해로 치닫고,

구릉 아래 둘린 봉우리는 북극성을 모시고 서 있네.

높고 낮은 조정 벼슬아치들 모두 환옹을 알거니,

요나라 사신도 부처님께 은주를 바쳤다네.

노승의 선방에는 일도 많은데,

전생과 내생의 일을 물어 무엇하랴.

寂寂光巖又一春 歸來盡日少逢人 洞中流水趍東海 陵下回峯拱北辰
靑紫滿朝知幻叟 銀朱獻佛有遼賓 鬢絲禪榻多生事 豈問前身與後身[24]

　(다)·(라)·(마)는 모두 환암의 교유 범위를 엿볼 수 있는 자료들이다. (다)는 승려들과의 교유 관계를 보여주는 자료이다. 松風軒은 檜巖長老인 倫絶磵을 가리키며[25], 江月軒은 윤절간의 스승[26]인 普濟尊者

---

23) 李集, 「送幻菴寄羅州判官」, 『遁村雜錄』.
24) 李穡, 「明日又賦」2, 『牧隱詩藁』, 권13.
25) 李穡의 「松風軒記」(『牧隱文藁』, 권5)에 "曹溪倫絶磵 號其所居曰松風軒"이라

懶翁 惠勤(1320-1376)의 또 다른 호이다.[27] 윤절간은 자세한 행적이 알려져 있지 않으나 목은을 비롯한 사대부들이 그와 관련하여 많은 시를 남겼으며, 나옹은 주지하다시피 공민왕의 王師로 봉해진 고승이다. 나옹은 또한 환암을 功夫禪場에서 認證해준 승려이기도 하다.

(라)는 둔촌 이집이 환암을 보내며 당시 나주 판관으로 있던 사람에게 지어 부친 시이다. 환암이 송광사에 가 있던 1375년(우왕1) 무렵[28] 지은 것으로 추측된다. 이 시를 통해서 고려 후기에 사대부들과 승려 사이의 교유관계를 엿볼 수 있다. 둔촌은 나주 판관에게 韓愈가 太顚師를 받아들였듯이 환암을 공대해 달라고 부탁하였던 것이다.

한유가 불교를 배척하는 내용의 상소를 올리고, 그 때문에 潮州刺史로 좌천되었을 때 그곳의 승려인 태전과 교유하였다고 한다. 그러자 사람들이 모두 의아하게 생각하니, 한유는 태전이 승려이기 때문에 사귄 것이 아니라 그에게 道風이 있어서라고 말하였다는 것이다.[29] 그래서

고 하였고, 權近의 「絶磵二首」(『陽村集』, 권7)라는 시의 제목 다음에는 "松風軒益倫"이라고 하였으며, 朴興生의 「絶磵松風軒歌」라는 시 제목 다음에는 "贈益倫"이라고 附記한 것으로 보아, 이름은 익륜이고 법명이 절간이며 호가 송풍헌인 것으로 보인다.

26) 金守溫, 「檜巖寺重創記」, 『拭疣集』, 권2. "有玄陵王師普濟尊者 受指空三山兩水之記 遂來居此 乃欲大創…功未及半 而王師亦逝矣 其徒倫絶磵等 念王師未究之志…."

27) 李穡의 「普濟尊者諡禪覺塔銘幷序」(『牧隱文藁』, 권14)에 "師所居室曰江月軒"이라고 하였다.

28) 權近, 「有明朝鮮國普覺國師碑銘幷序」, 『陽村集』, 권37. "乙卯秋 移住松廣社"

29) 趙翼, 『甌北詩話』, 권3. "昌黎以道自任 因孟子距楊墨 故終身亦闢佛老…諫佛骨一表 尤見生平定力 然平日所往來 又多二氏之人 如送張道士有詩 送惠師靈師澄觀文暢大顚 皆有詩文 或疑其交遊 無檢與平日持論 互異不知 昌黎正欲借此 以暢其議論 如謝自然白日昇天 則歎其爲妖魅所惑 化爲異物…惟於大顚無貶詞 則以其頗聰明識道理." (『古今詩話叢編』, 台北 : 廣文書局, 1971.)

환암 역시 태전사처럼 속세의 욕념을 잊은, 도풍을 지닌 승려임을 먼저 내세웠던 것이다.

(마)는 환암이 1384년(우왕10) 충주까지 들어온 海賊의 침입을 피해서 개성의 光巖寺로 옮겨가 있을 때[30] 목은이 지은 것으로 보인다. 이때는 이미 국사로 봉해진 이듬해이기도 하지만, 다섯째 줄의 '높고 낮은 조정 벼슬아치들 모두 환옹을 알거니'라는 진술로 보아 그의 교유 범위가 훨씬 넓어졌음을 알 수 있다.

2.3. 傅若金과의 交遊

부약금(1303-1342)은 江西行省 臨江路의 新喻州人으로, 자는 與礪 혹은 汝礪이다. 어려서 부모를 잃고 각고의 노력으로 학문에 힘썼으며, 范德機의 문인으로 시문에 능하였다. 30세 되던 해에 京師에 갔었는데, 虞集이 그의 시를 보고 크게 칭찬하였다. 1335년(충숙왕 후4) 安南에 사신을 파견할 때 參佐로 참여하였고 돌아와 廣州路教授가 되었다. 『傅與礪詩文集』 20권을 남겼으며, 환암 및 式無外 등과 교유하였다.[31]

환암이 원에 머물다가 고려로 귀국할 때 부약금이 지어준 송별시는 다음과 같다.

---

30) 權近, 앞의 글.
31) 傅若金의 생애를 살피는 데는 『新元史』, 권238, 列傳 135. 및 蘇天爵, 「元故廣州路學教授傅君墓誌銘」, 『滋溪文藁』, 권13.(『景印文淵閣四庫全書』, 제1214책)을 참고하였음.

(가)

사찰은 遼海로 통하여,
弁韓에 잇닿았네.
바다 건너 三藏이 서고,
뭇 향기가 서려 있네.
서로 다른 지역이 이제 하나가 되니,
지방에 노니는 것이 어렵지 않네.

梵宇通遼海 僧居屬弁韓 鼇依三藏立 龍近衆香蟠
異域今爲一 遊方故不難

(나)

수놓은 幢幡이 백일 아래 펼쳐지고,
절엔 사람들이 겹겹의 구름처럼 가득하네.
당시의 임금이 부처를 높이 받들어,
스님들 모두에게 숙소를 마련해주었네.
衣鉢이 中土에 두루 전해지고,
錫杖은 산사에 쓸쓸히 걸려 있네.
비단 같은 나무에는 구슬이 줄줄이 드리워지고,
향기로운 수풀에는 보석이 난간에 아로새겨졌네.
이처럼 엄청나게 장려함에랴!
그대가 오래도록 머뭇거림을 알만 하였네.

繡幢來日下 金刹滿雲端 世主多尊佛 沙門總授官
衣傳中土徧 錫掛上方寒 網樹珠垂絡 香林寶刻欄
況玆窮壯麗 知爾久盤桓

(다)

고국에는 이제 막 봄이 되어,

머나먼 길에 눈이 아직도 남아 있네.

모래바람 부는데 절로 가는 길은 멀고,

세월은 길 떠나는 데 느긋하네.

해는 기울어 華表柱를 지나가고,

하늘이 다하는 곳에 봉우리가 푸르네.

木杯로 나루를 평온히 건너서,

연꽃에 앉아 물결에 젖지 않게 나타나게.

故國春頻至 長途雪又殘 風沙歸寺遠 歲月作程寬

日落經華表 天窮得翠巒 木杯過渡穩 蓮座出波乾

(라)

저녁 비는 재 지내는 북소리인 양 은은히 내리고,

봄바람은 낚싯대에 기댄 듯 간들간들 불어오네.

불경을 외우니 泉客이 듣고,

衣鉢을 전하니 海神이 보네.

가고 멈추는 것이 모두 허깨비 같은 것,

허공은 손으로 움킬 수가 없는 것을.

暮雨鳴齋鼓 春風倚釣竿 誦經泉客聽 傳鉢海神看

行住都如幻 虛空未足搏

(마)

이번 길은 귀국한 뒤에 생각날 것이요,

구름이 덧없이 흐름은 좌선할 때 볼 것이로다.

황제가 계신 곳은 오묘한 음악 너머로 아득하고,

푸른 하늘은 承露盤을 격해 있네.

혹 국왕을 뵈었을 때 물으시거든,

聖人께서는 평안하다고 말씀하시게.

路應歸後憶 雲向坐時觀 紫極迷天樂 靑霄隔露盤

如逢國王問 爲說聖人安32)

부약금이 이 시를 지은 시기에 대하여 장동익은 1337년(충숙왕 후6) 경이라고 추측하였다. 『傳與礪詩集』에는 환암에게 지어준 송별시 다음에 蘇天爵에게 지어준 송별시인 「送蘇伯修侍郎分部厖踔」가 실려 있는 바, 이는 소천작이 1337년에 禮部侍郎으로 淮東道肅政廉訪使로 파견될 때 써준 것이기 때문이라는 것이다.33)

1337년은 환암이 18세가 되는 해이다. 권근의 비문에는 그의 원나라 遊歷에 대해 전혀 언급이 없는데, 12세 때 繼松의 문하에서 출가한 이후 22세 때인 1341년(충혜왕 후2) 禪科에 급제하기까지 약 10년간의 행적이 자세치 않다. 아마도 그 사이에 원나라에 다녀온 것이 아닌가 싶다.

부약금의 송별시는 모두 36줄의 장시로, 대략 (가)에서 (마)까지 다섯 단락으로 나누어 살필 수 있을 듯하다. (가)에서는 元의 고려 지배로 서로 다른 지역이 하나로 통합되었음을 말하고, 불교의 사찰이 遼海를 건너 弁韓까지 잇닿았고 바다 건너 經·律·論 등 三藏이 서게 되었다고 함으로써 은연중에 원으로부터 불교가 고려에 전파된 듯이 내세웠다.

32) 傅若金, 「送幻上人還高麗」, 『傅與礪詩文集』, 권7.
33) 張東翼, 『元代麗史資料集錄』, 서울대 출판부, 1997., 228쪽.

(나)에서는 원나라 불교의 장려함을 뽐내고 있다. 절에 겹겹의 구름처럼 가득 모인 신도와 불법을 숭상하는 황제가 사찰을 찾아온 승려들을 하나같이 款待하는 모습, 禪宗의 法統이 이어짐을 뜻하는 衣鉢이 中原 전역에 두루 전해지고 托鉢에 나서는 데 소용되는 錫杖[34)]이 산사에 한가하게 걸려 있는 모습을 통해 엿볼 수 있는 修行과 精進 등 원나라 불교의 興旺 속에 고려승 환암이 오래도록 귀국하지 못하고 머뭇거림을 알 만하다고 하였다.

(다)는 고려로 돌아가는 먼 歷程과 평안한 귀국을 기원한 대목이다. 아직 殘雪이 남아 있는 초봄에 모래바람마저 부는 가운데 떠나는 환암에 대한 염려가 배어 있음을 볼 수 있다. 晉나라 杯渡和尙[35)]의 고사를 들어 바닷길을 평온히 건널 것을 기원하고 연꽃 위에 앉아 물결에 젖는 일이 없이 귀국할 것을 축원하고 있다.

(라)에서는 불교의 오묘한 교리에 대해 말하고 있다. 불경을 외우거나 衣鉢을 전하는 일은 바다 속의 泉客[36)]이나 海神도 보고 들으려는 긴요한 일이라고 한 뒤, 환암이라는 법호와 관련지어 인간세상에서의 가고 머무는 것이 모두 幻이며 그것은 마치 허공을 손으로 움킬 수가 없는 것과 같다는 비유로 나타냈다. 이렇게 보면, 은은하게 내리는 저녁 빗소리는 불경을 외우는 소리를, 간들간들 불어오는 봄바람은 衣鉢의 傳播를 은유하고 있음을 알 수 있다.

(마)에서는 송별의 뜻과 고려와 원 양국간의 안부로 마무리를 지었다.

---

34) 佛家語에서 승려가 托鉢에 나서는 것을 飛錫, 止宿하는 것을 掛錫이라 함.
35) 『梁高僧傳』에 "晉杯渡和尙 木杯渡水."라고 하였음.
36) 『述異記』에 "南海中有鮫人室 水居如魚 不廢機織 其眼能泣則出珠." 라고 하였음.

원나라를 방문하고 돌아간 노정이 귀국한 뒤에는 좋은 추억으로 남을 것이며, 한편으로 덧없이 흐르는 구름과 같은 환암의 행적은 좌선을 통해 幻에 지나지 않음을 다시금 깨닫게 될 것이라고 하였다. 원나라 帝室을 紫極과 靑霄로 나타내고 元帝를 聖人이라고 함으로써 끝까지 優越意識을 드러내고 있다.

3. 無說 宏演

3.1. 無說의 자취와 詩世界

무열 장로의 행적은 오늘날 단편적인 기록으로 산견될 뿐, 그의 생애와 행적을 소상히 알 수 있는 자료가 없는 실정이다. 목은의 「壽安方丈演無說聶伯敬在坐」라는 시의 詩題와 '竹磵老禪詩語新'이라는 시구를 통해 볼 때, 그의 이름은 宏演, 법명은 無說, 호는 竹磵임을 알 수 있다.[37)]

무열은 懶翁의 제자로서[38)] 시를 잘 지었으며,[39)] 일찍이 원나라에 가서[40)] 元都에 있는 禪源報恩禪寺의 주지를 지냈으며 그곳의 문인인 歐

---

37) 李穡, 『牧隱詩藁』, 권3.
38) 成俔, 앞의 책, 권8. "竹磵集一帙 懶翁弟子僧宏寅與歐陽玄危素遊 兩學士作序 而詩最健." 이 글에서 宏寅은 宏演의 오기로 보인다.
39) 주37), 38) 참조, 李穡, 「答竹磵禪師」, 『牧隱詩藁』, 권3. "時時出詩句 易易如樗蒲", 「無說長老」, 같은 책, 권7. "無說山人釋翰林."
40) 위에 인용한 李穡의 「答竹磵禪師」라는 시에 "身行天下半 跡起東海隅"라는 구절이 있음.

陽玄·危素·吳當 등과 교유하였고,41) 국내에서는 羅州의 湧珍寺에 머물며「克復樓記」를 지은 일이 있음을 확인할 수 있다.42)

무열의 시가『東文選』에 오언고시 2수, 칠언고시 5수, 칠언율시 3수 등 모두 10수의 시가 실려 있는 것을 통해,43) 목은이 '釋翰林'이라고 이를 만큼 그의 詩才가 빼어났음을 알 수 있다. 그 중 5수가 그림을 詩題로 하고 있는 것으로 보아, 그는 시뿐만 아니라 그림에 대해서도 일가견이 있었던 것으로 보인다. 특히 그가 思謙 鄭頵(?-1359)의 시에 화답한「奉和思謙題西宇鍊師山水圖」44)나「題驄馬飮水圖」45) 등을 보면, 중국의 회화에 관한 관심과 소양의 깊이를 엿볼 수 있다.

---

41) 주 38) 참조, 危素, <高麗海州神光寺碑>, 앞의 책, 같은 곳.「…臣素旣莫詳其興刱之由 歷數年 始從臣僧宏演 得其顚末」., <高麗林州大普光禪寺碑>, 같은 책, 같은 곳.「… 第五代住持義聰 旣新佛堂以畢師志 因都城禪源報恩禪寺住持宏演 來求書其事…於是從宏演得師之始終 而幷書之」., 吳當, <送無悅上人歸高句麗>, ≪學言稿≫, 권2. 참조.

42) ≪新增東國輿地勝覽≫, 권35. 羅州牧 佛宇 湧珍寺條.「在湧珍山寺 有克復樓 無說山人有記」

43) ≪東文選≫에 실려 있는 무열의 시 10편은 다음과 같다. 권5(오언고시) - <分題得九曲溪送友>, <分題得種柳橋送友省親>
　　권8(칠언고시) - <奉和思謙題西宇鍊師山水圖>, <春米行>, <題驄馬飮水圖>, <題飮馬圖>, <秋夜宿蔣山寺>
　　권17(칠언율시) - <題遊仙巖>, <送人之臨江>, <遊紫淸宮>

44) ≪東文選≫, 권8. 이 시의 9, 10구에「老關往矣小李死 孰云當代無良工」라고 하였는 바, '老關'은 後梁 때 <秋山寒林圖>라는 산수도로 저명하였던 關同을 가리키는 것이며, '小李'는 당나라 李師訓의 필법을 얻고도 더욱 유려하고 절묘하게 蜀의 산수를 그려낸 前蜀의 李昇을 가리킨다. 이승은 小李將軍이라는 별호를 얻었다.

45) 같은 책, 같은 곳. 이 시의 제1, 2구에「昔聞韋偃畵無敵 解使房星落千尺」라고 하였는 바, 韋偃은 당나라의 저명한 화가이다.

(가)

큰 색시는 동편 방아.

작은 색시는 서편 방아.

작은 서방님 남쪽 방아.

큰 서방님 북쪽 방아.

어린 딸은 거들어 방아머리 잡고,

어린애는 쌀 장난, 키를 뒤집고.

푸른 치마 큰 아낙네 높직한 머리 쪽지,

기운 센 다리로 방아를 밟고

큰 서방 작은 색시 놀래 서로 물으며,

익살로 웃음으로 와자그르-.

大婦春東臼 小婦春西臼 小郎春南臼 大郎春北臼

幼女護力攀碓頭 幼兒弄米翻柳斗 靑裙大婦雲鬢高 氣猛脚健踏碓牢

大郎小婦驚相問 謔浪笑傲聲嘈嘈

(나)

등에 철철 흐르는 땀, 이따금 쉬며

쌀 집어 흰가 안 흰가 들여다보네.

쌀은 아직 흰 듯 만 듯 다시 찧으니,

애쓰는 고생이야 어떻다 하리.

하늘이 준 재능은 별반 다름없건만,

어쩌다 빈부가 이다지도 갈리나.

비록 그것으로 고생·편안 다르나

다스림과 노동이 서로 의존되는 것.

汗流浹背時蹔息 以手按看白米白 欲白未白還更舂 努力辛勤眞可惜
天之降材非爾殊 奈何貧富不同途 雖然由此勞逸異 一治一養還相須

(다)
작년엔 풍년 들어 쌀값이 쌌고,
금년에는 삼과 밀이 모두 잘 되었네.
더구나 나라에서 세를 감하여
아낙네 키, 남정네 체가 모두 흐뭇해.
찧거니 날리거니 까부르거니,
설렁설렁 일어서 이글이글 끓이네.

去年秋熟米價落 今年麻麥殊兩獲 那堪政又減科徭 婦簸夫篩良不惡
或舂或揄或踩簸 淅之叟叟蒸浮浮

(라)
대아의 증민에도 후직의 노래,
만고에 그 공이 그지 없어라.
지금은 농촌이 풍년 만나고,
사해가 평안하여 먼지 안 이네.
바라기는 해마다 세상 태평하여서,
쌀 한 말, 돈 서 푼 옛말대로 됐으면.

大雅蒸民歌后稷 功奏萬古何時休 只今閭閻逢歲樂 四海淸和塵不起
但願年年世太平 斗米三錢差可擬[46]

---

46) 宏演,「舂米行」,『東文選』, 권8.

위에 인용한 것은 「舂米行」이라는 시의 전문이다. 논의의 편의상 (가)-(라)의 네 부분으로 나누어 살피기로 한다. (가)에는 서민 가정에서 방아를 찧는 모습이 사실적으로 묘사되어 있다. 힘든 일을 온 식구가 협심하여 즐겁게 해나가는 모습이다. (나)에서는 온 가족이 함께 일하는 즐거움 속에서도 노동의 결과가 언제나 한결같지 않다는 데 생각이 미쳐 잠시 회의를 품는 모습을 보여주고 있다. (다)에서는 최근 이태 동안의 풍년과 세금 감면으로 인해 굶주리지 않게 된 형편을 생각하며 다시금 신나게 일하는 모습을 그리고 있다. (라)에서는 지속적으로 풍년이 들어 태평성대가 되기를 바라는 작자의 기원으로 마무리를 지었다. 무열은 승려이면서도 당시 사대부층과 마찬가지로 민생에 지대한 관심이 있었음을 이 시를 통해 알 수 있다.

(전략)
작년에 말 조공하러 옛 幽州 燕나라 땅에 갔을 때,
고을마다 번갈아 압송하며 지체하지 못했네.
백만 마리 가운데 반은 굶어 중도에 죽고,
꼬리만을 떼어 남겨 승상에게 알렸을 뿐.
그래서 큰 거리엔 대낮에도 말의 소리가 아주 적고,
절름발이 나귀들이 간간이 앞을 다퉈 달렸네.
작년 8월에 조서를 내리시와
은전으로 상사람도 말을 타게 했지만,
세상에 천리마 얻기가 그리 쉬운가.
노마가 간혹 황금 굴레 쓰고 다니네.
천리마야 없으랴만 소금 수레를 끄나니,

백락이 없는 지금에 어이하리.
아아, 백락이 없는 지금에 어이하리.

前年刷馬幽燕去 州縣遞送不敢遲 中途百萬半饑死 但留駿尾丞相知
大街白日馬聲少 蹇驢往往爭先馳 去年八月天詔下 寬恩亦許常人騎
人間驊騮不易得 駑駘或受黃金羈 豈無鹽車困良驥 伯樂已矣今何爲
嗚呼伯樂已矣今何爲47)

인용한 시는 飮馬圖를 보고 지은 것이다. 앞의 생략한 부분은 그림을
두고 말한 대목이다. 인용 부분의 전반부에서는 元朝에 말을 조공하는
실상에 대해 말하였다. 고려 때 조공하는 말의 수가 대략 50필에서 5천
필 정도였음에 비추어48) ‘백만 필 가운데 반이 굶어죽었다’는 표현은 지
나친 과장이라고 할 수 있겠으나, 아무튼 貢馬의 폐해를 은연중에 드러
냈다고 하겠다. 후반부에서는 천리마와 같은 인재를 알아보는 사람이 없
어 소금 수레를 끌게 하고 노마가 황금 굴레를 쓰고 다니게 하는 세태에
대해 탄식하는 것으로 마무리를 지었다.

(가)
산으로 둘린 외로운 마을의 작은 길 옆,
먼 숲에 더위도 가셨는데 봉래산을 찾아왔네.
신선이 온 줄 알고 학은 구름 낀 골에 날고,

---

47) 宏演, 「題飮馬圖」, 같은 책, 같은 곳.
48) 安鼎福, 『東史綱目』, 권15하. 공민왕 21년(1372) 11월조 “遣大護軍金甲雨 獻耽
羅馬五十匹.”, 같은 책, 권16하. 우왕 10년(1384) 12월조 “帝流本國遼東行禮使
金九容于大理衛 道卒 … 臨卒有詩曰 良馬五千何日到 桃花關外草芊芊.”

손님을 접대하려 동자는 현관을 쓰는구나.

샘물은 시내로 흘러 슬그머니 옥 같은 돌을 울리고,

불이 단조에 남아 식었던 재 되살아나네.

문득 들리는 공중의 쇠 젓대 소리,

십리의 솔 꽃이 하룻밤에 피는구나.

山遶孤村小逕隈 遠林暑薄訪蓬萊 鶴飛雲洞知仙起 童掃玄關待客來
泉至石渠鳴暗玉 火存丹竈活寒灰 忽聞鐵笛空中響 十里松花一夜開[49]

(나)

홍애 선생이 옛날 숨어살던 곳,

섬돌 아래 벽도화가 이울어 날리네.

밤에도 우물에서 광채나니 단약이 남아 있고,

봄 이슬이 솔을 적셔 복령이 생겨났네.

선녀들은 혹 녹옥장을 들고 있고,

선인들은 저마다 황정경을 읽고 있네.

오리도 못 되는 이웃 절로 돌아오니,

연기만 자욱하여라, 바라봐도 안 보이네.

洪崖先生舊所隱 階下碧桃花飄零 夜光出井留丹藥 春露沿松生茯苓
天女或携綠玉杖 仙人自讀黃庭經 隣寺歸來不五里 回頭望斷煙冥冥[50]

『동문선』에 전하는 무열의 시 10편 가운데 (가)와 (나)는 다같이 仙境
을 그리고 있다는 공통점이 있다. 각각의 제목에 있는 遊仙巖 · 紫淸宮

---

49) 宏演, 「題遊仙巖」, 앞의 책, 권17.
50) 宏演, 「遊紫淸宮」, 같은 책, 같은 곳.

등에 이미 그러한 것이 암시되어 있다. 그러면서도 (가)의 시는 묘사로 일관하고 있다. 한 폭의 그림을 보고 지은 시라는 인상이 짙다. 起聯에서 봉래산을 찾아온 주체가 작자 자신이라기보다는 그림 속의 나그네라고 하는 편이 더욱 자연스럽다. 頷聯에는 날아오르는 학과 문 앞을 쓰는 동자가 對를 이루고 있다. 나그네를 신선으로 알고 날아오른 학의 배경으로는 구름 낀 골짜기를 안배하였다. 나그네를 맞으려고 마당을 쓰는 동자의 뒤로는 道觀의 문인 玄關이 배치되어 있다. 무엇인가 아득하고 분명치 않던 배경이 동자의 비로 쓰는 길을 따라 조금씩 열려 가는 느낌이 든다.

頸聯에 이르면 죽어 있는 것 같던 것들이 살아 움직이는 듯한 변화가 시작된다. 샘물이 넘쳐흘러 시냇가에 이르면 바위를 적셔 옥 같은 모습으로 만들면서 그에 부딪쳐 물소리를 내게 되고, 단약을 달이던 부뚜막의 식은 재 속에서 남아 있던 불씨가 다시 피어오르기 시작한다. 함연이 仙과 俗의 대구를 이루고 있다면, 경련은 물과 불의 대구를 이루면서 함께 생명력을 불어넣는 구실을 하고 있다. 드디어 尾聯에 이르면 문득 허공에 울려 퍼지는 쇠 젓대 소리를 따라 죽은 듯 미동도 없던 솔의 꽃이 하룻밤 사이에 피어나게 된다. 십리에 걸쳐 있는 솔이 일시에 꽃을 피우는 모습은 그 자체만으로도 선경이라 이름할 수 있을 것이다.

이와는 달리, (나)의 시에는 작자의 개입이 눈에 띈다. 제목의 '노닐다 [遊]'라는 표현부터가 그러하다. 작자가 찾아간 곳은 옛날 洪崖 洪侃 (?-1304)이 은둔하던 곳이라고 하였다. 이울어 섬돌 아래로 날리는 벽도화처럼 隱者조차 사라지고 없는 곳이지만 여전히 단약이 남아 있고 복령이 생겨나는 선경이라고 하였다. 그러한 것을 한층 분명히 다져주는 안배가 녹옥장을 들고 있는 선녀들과 황정경을 읽고 있는 신선들이다. 그러한 선경을 구경한 작자가 이웃에 있는 절로 돌아가 자청궁이 있던 곳을 바라보니 연기만 자욱할 뿐 보이지 않더라는 것이다. 신선세계에 대한 동경은 허망한 것임을 이 시는 말하고 있다고 할 수 있다.

3.2. 國內 文人들과의 交遊

무열이 국내 문인들과 교유한 행적은 우선 그 자신이 지은 시를 통해서, 혹은 다른 문인들의 시문을 통해서 추적할 수 있을 것이다.『동문선』에 전하는 무열의 시 10편 가운데 3편이 송별시인 바, 그 가운데 오언고시 형식으로 쓴 2편을 통해 교유 대상을 짐작해 볼 수 있다. 또한 고려 문인들이 남긴 시문을 살펴보면, 목은 이색과 惕若齋 金九容(1338-1384)의 시 8편이 그와 관련이 있는 것으로 확인된다.51) 그 가운데 7편이 목은의 시인 것을 보면, 그가 목은과 각별히 가까이 지낸 것으로 보인다. 먼저 무열 자신의 시를 통해 교유 관계를 보기로 하자.

(가)
시냇가의 꽃은 곳곳에 피고,
시냇물은 굽이굽이 맑구나.
꽃이 피니 세월 가는 것이 아깝고,

---

51) 李穡,「壽安方丈演無說聶伯敬在坐」,『牧隱詩藁』, 권3.,「答竹磵禪師」, 같은 책, 같은 곳.,「無說長老」, 같은 책, 권7.,「因憶無說」, 같은 책, 권14.,「得燕谷住持印牛書送多且托玉龍瑞龍田稅事又得無說書亦如之」, 같은 책, 권26.,「代書奉答無說長老」, 같은 책, 권27.,「得無說書」, 같은 책, 권30., 金九容,「寄無說長老子垫先生」,『惕若齋學吟集』下.

물이 맑으니 갓끈 빨기에 마땅하구나.

시서를 강론하던 땅에

유유히 뱃노래 소리가 들리는 듯.

천년의 무이시를 보니

고정의 이름이 그리워라.

고도하여 전철을 계승할 것이니,

어찌 평생의 맹세를 저버리랴.

해 늦어 이처럼 높이 날아오르니

매화와 대가 얼음과 눈 속에 맑도다.

溪花處處發　溪水曲曲淸　花發惜年華　水淸宜濯纓
睠言詩書地　悠悠櫂歌聲　千年武夷詩　懷哉考亭名
高蹈繼前轍　寧負平生盟　歲晩此翔翔　梅竹氷雪明[52]

(나)

그대를 양류교에 보내면서,

그대에게 양류 가지를 주노라.

양류는 줄 만한 것이 아니지만,

생각하는 것은 이별에 있도다.

그대가 돌아감은 과연 무엇을 위함인가.

유유히 흰 구름을 바라보며 생각하네.

채색옷이 진실로 즐겁기는 하나,

도 배우는 것을 늦게 하지 말며,

반수의 미나리 캐고 캐어,

---

52) 宏演, 「分題得九曲溪送友」, 『東文選』, 권5.

흐르는 세월을 헛되이 보내지 마오.

送君楊柳橋 贈君楊柳枝 楊柳不足贈 所念在別離
君歸果何爲 悠悠白雲思 綵衣固自樂 學道莫遲暮
采采泮中芹 流年莫虛度[53]

『동문선』에 실려 있는 오언고시 두 편은 모두 그의 벗에게 지어 준
송별시인데, 성리학에 힘쓰라는 충고가 곁들여 있는 것으로 보아, 그가
당시 사대부층과 긴밀히 교유하였음을 짐작할 수 있다. (가)는 武夷九曲
圖와 거기 적혀 있는 武夷櫂歌를 통해 朱子[考亭[54]]를 환기시킨 뒤, 성
리학을 계승하겠다는 평생의 맹세를 저버리지 말라는 충고를 담고 있다.
(나)는 부모를 뵈러 가는 벗에게 지어준 시로, 여기서 綵衣는 두 가지
뜻을 가진 것으로 보인다. 늙은 부모님을 즐겁게 해드리기 위해 입는 알
록달록한 옷이면서 출세한 사람이 고향에 돌아갈 때 화려하게 차려 입는
옷이기도 하다. 출세보다는 도를 배우는 일이 긴요하다는 생각을 이렇게
나타낸 것이라 볼 수 있다. 마지막 두 구는 『詩經』 魯頌 泮水詩를 인용
하여 쉼 없이 성리학을 갈고 닦으라는 뜻을 부쳤다.

　앞서 언급하였듯이, 무열이 국내의 문인 가운데 가장 가까이 교유한
사람은 목은이었다. 목은도 여러 차례 중국에 왕래하였으나 무열은 그
이상 중국 땅에 머물었던 듯하다. 목은은 무열을 가리켜 "무열스님은 스
님 가운데 한림학사.(無說山人釋翰林)"라고 하면서 "바다 모퉁이에서
바라본 지 여러 해가 되었소(相望海角歲年深)"라고 하여 중외에 서로

---

53) 宏演,「分題得種柳橋送友省親」, 같은 책, 같은 곳.
54) 中國 福建省 建陽縣 서남쪽에 있는 地名으로 朱子가 거처한 일이 있음.

떨어져 그리워하는 뜻을 나타냈다.55) 목은이 무열의 편지를 받아보고 쓴 시에 "공은 병들어 서울에서 노닐던 일을 그리워하고, 나는 쇠약해져 꿈에 강남을 맴돌고 있네.(公病思游洛下 吾衰夢繞江南)"56)라고 한 것을 보면 두 사람 사이의 우의를 짐작하고도 남음이 있다.

(전략)
높은 모습은 천 길의 산과 같고,
담담한 생각은 한 사발의 물과 같네.
고요한 방에는 향불이 싸늘한데,
좌우에는 책과 그림이네.
때때로 시구를 지어내는데,
수월하기가 저포놀이 같네.
근원이 깊으니 흐름이 다하지 않고,
도가 살찌자 몸은 매우 파리해졌네.
변환을 잘하는 것은 스님의 일인데,
교묘한 활용은 때에 따라 다르네.
오래도록 뜰 앞의 잣나무를 화두로 참선하여
강 위의 갈대를 타려고 하네.
(후략)

高標山千仞 淡慮水一盂 靜室香火冷 左右書與圖
時時出詩句 易易如樗蒲 源深流不渴 道腴身甚癯
善幻是僧業 妙用隨時殊 久參庭前栢 欲跨江上蘆57)

---

55) 李穡, 「無說長老」, 『牧隱詩藁』, 권7.
56) 李穡, 「得無說書」, 같은 책, 권30.
57) 李穡, 「答竹磵禪師」, 같은 책, 권3.

이 시는 무열이 지어 보낸 시에 목은이 답한 시의 일부이다. 무열의 인품이 천 길 높이의 산처럼 우뚝할 수 있는 것은 한 사발의 물처럼 욕심이 없는 담담함 때문이라고 목은은 보았던 것이다. 무열의 인품이 그처럼 높을 수 있는 것은 무욕의 담백함뿐만이 아니라 항상 가까이하고 있는 책과 그림 때문이기도 하다고 하였다. 향불만 싸늘하게 느껴지는 고요한 방이 적막하게만 보이지 않는 것은 주위의 책과 그림 때문이라는 것이 목은의 설명이다. 그리고 그 결과로 나타난 것이 때때로 별반 힘들이지 않고 지어내는 시인 것이다. 그러면서도 승려로서 본분인 깨달음에 이르기 위해 참선에 정진하는 모습을 찬양하고 있다.

애써 담양 고을을 생각하노라니,
가을 하늘에 외기러기가 울고 가네.
고승은 대숲 사이 시내 골짜기에 머물고,
나그네는 매화꽃 핀 골짜기에 은거하네.
달빛 비치니 맑은 향기가 돌고,
바람 부니 푸른 그림자가 드리워지네.
서로 열 걸음도 떨어지는 일이 없고,
초가는 절 가까이 있다네.

苦憶潭陽郡 秋天一鴈嘶 高僧依竹澗 野客隱梅溪
月照淸香動 風來翠影低 相從無十步 茅屋近招提[58]

척약재의 이 시를 통해 보면 무열이 목은 다음으로 가까이 지낸 인물

---

58) 金九容, 「寄無說長老子垈先生」, 『惕若齋學吟集』, 권하.

이 子坴先生, 곧 梅溪 康好文이었음을 알 수 있다. 매계는 시문에 능하였던 것으로 알려져 있으나 자세한 행적은 드러나 있지 않다. 이 시의 죽간과 매계는 각각 무열과 강호문의 호이기도 하니 결국 고승은 무열을, 야객은 매계를 가리킨 것임을 알 수 있다. 또한 매계의 인품은 달빛 아래 맑게 퍼지는 매화의 향기로, 무열의 인품은 바람 따라 낮게 드리워지는 대나무의 그림자로 형상화하였다. 군자의 풍도를 지닌 이들과 함께 지냈던 추억을 떠올려 아쉬워하며 자신을 가을 하늘에 슬피 울며 날아가는 외기러기에 비한 것을 보면 척약재 또한 이들과 상당한 교분이 있었을 것으로 추측된다.

3.3. 吳當 · 危素와의 交遊

목은이 무열을 추억하며 지은 시 가운데 "동정호와 소상강에 두루 노닐다가 바닷가에 이르니, 귀국을 송별하는 시구가 경사에 가득 찼네.(遊遍湖湘到海涯 歸來詩句滿京華)"[59]라고 한 것으로 미루어 그가 원나라에 있는 동안 많은 인사들과 교유하였음을 짐작할 수 있다. 그 가운데 자료의 확인이 가능한 吳當(1297-1361) · 危素(1303-1372)와의 교유관계를 살펴보기로 한다.

1) 吳當과의 교유

오당은 江西行省 撫州路 崇仁人으로 자는 伯尙이며 吳澄의 손자이다. 宋, 遼, 金 3사 편찬에 참여하였고 翰林修撰, 國子博士, 禮部員外

---

59) 李穡, 「因憶無說」, 『牧隱詩藁』, 권14.

郎, 翰林直學士 등의 벼슬을 거쳐 江西肅政廉訪使에 이르렀다. 『周禮纂言』, 『學言稿』6권 등을 남겼다.[60]

무열이 원에 머물다가 고려로 귀국할 때 오당이 지어준 송별시는 다음과 같다.

(가)
갈대를 꺾어 바다를 건너
여러 곳에 멀리까지 자취를 남겼네.
동쪽으로는 절강의 회계산에 이르렀고,
남쪽으로는 형산의 축융봉에 올랐네.
절강 적성산의 노을빛 흙은 비단을 펼친 듯,
형산 향로봉엔 붉은 노을이 겹겹이네.
평생에 신은 몇 켤레나 신었나.
늘 아홉 마디 대지팡이를 짝하였네.

折蘆渡海水　諸方記遐蹤　東窮會稽嶺　南登祝融峰
赤城霞綺多　香爐紫煙重　平生幾緉屐　伴此九節筇

(나)
어제 대궐에 와서
절에서 우리 만났던 일을 생각했지.

---

60) 『元史』, 권187, 列傳 74. “吳當字伯尙 澄之孫也 … 會詔修遼金宋三史 當預編纂 書成除翰林修撰 七年遷國子博士 明年陞監丞 十年陞司業 明年遷翰林待制 又明年改禮部員外郎 十三年監察御史 尋復爲國子司業 明年遷禮部郎中 又明年除翰林直學士 時江南兵起且五年 … 詔江西肅政廉訪使 … 所著書 有周禮纂言及學言藁.”

좌선하느라 밤새도록 불을 밝혔고,

불경을 번역하다보니 새벽 종소리가 울렸지.

공적을 단숨에 꿰뚫고 나니,

진제는 어찌 그리 조용한가.

법운이 천상에 묘한 꽃을 흩뜨리고,

주광이 신룡을 일으키네.

昨者來闕下 祇園憶相逢 燕坐永夜燈 翻經淸曙鐘

一徹了空寂 眞際何從容 法雲散天華 珠光起神龍

(다)

스님이 고려에 돌아가시면,

불법을 바르게 하여 참으로 종주가 되시리라.

또 바다 건너서 오시고 싶거든

한마음으로 사귀면 좋겠소

上人旣東歸 正法信有宗 亦欲乘桴行 同心幸相從61)

이 시는 내용상 크게 (가)·(나)·(다)의 세 단락으로 나누어 볼 수 있다. (가)는 무열이 중국에 들어와 동쪽으로는 浙江省의 會稽山과 赤城山에 이르기까지, 남쪽으로는 南嶽 衡山의 祝融峰과 香爐峰에 이르기까지 두루 다닌 행적에 대해 말한 것이다. (나)는 무열과 오당이 만나 교유하였던 옛 추억을 환기하는 대목이다. 이를 통해 보면 무열은 참선하고 불경을 번역하는 일을 오당과 함께 하였음을 알 수 있다. (다)는 작별

____

61) 吳當, 「送無悅上人歸高句驪」, 앞의 책, 같은 곳.

인사에 해당하는 부분이다. 무열의 앞길을 축원하며 다시 만나기를 바란다는 뜻을 비쳤다. 이 시를 통해서 무열은 중국의 강남 불교세력과 긴밀한 관계를 맺었던 것으로 판단된다. 이는 조금 앞선 시기에 충선왕이 노력을 기울였던 일과도 일치하는 것이다.

2) 危素와의 교유

위소는 江西行省 撫州路 金溪人으로 자는 太樸, 호는 雲林이며 吳澄과 范德機의 제자이다. 宋, 遼, 金 3사 편찬에 참여하였고, 『爾雅』를 주석하였다. 國子助敎를 거쳐 翰林編修, 太常博士, 兵部員外郎, 監察御史, 工部侍郎, 大司農丞, 禮部尙書 등을 역임하였다.[62] 고려승 玉田, 무열, 慈惠 등과 교유, 자혜가 머물던 지장사에 「寶蓋山地藏寺記」를 지어 주었고, 「高麗海州神光寺碑」, 「高麗林州大普光禪寺碑」 등을 지었다.

성상께서는 성스러운 지혜를 바탕으로 지난날 나라 밖에서 애를 쓰셨으니, 동쪽으로는 요동 땅을 지나 삼한에 이르셨다. 어떤 이가 말하기를 신광사의 아라한이 영이로움을 나타냈다고 하매, 성상께서는 가셔서 참례하셨다. 그리고는 3, 4년이 채 되지 않아 귀국하셔서는 곧 보위에 오르셨다. 고려를 돌보고자 하는 생각에서 신광사에 관한 기술을 하고자 하여 한림시강학사인 게해사에게 그것을 쓰라고 조칙을 내리셨다. … 신 위소는 신광사의 창건 유래를 자세히 알지 못하여 몇 년을 지내다가 비로소 고려승 핑연으로부터 그 전말을 들을 수

---

62) 『明史』, 권285, 列傳 173. "危素 字太樸 金谿人 唐撫州刺史全諷之後 少通五經 遊吳澄范亨門 至正元年 用大臣薦授經筵檢討 修宋遼金三史及注爾雅成 賜金及宮人 不受 由國子助敎 遷翰林編修 … 遷太常博士 兵部員外郎 監察御史 工部侍郎 轉大司農丞 禮部尙書."

있었다. 그에게 들은 바를 갖추어 나열하여 단단한 돌에 새겼다. 살피건대, 신광사는 고려의 해주 북쪽에 있으며, 신라의 대징대사가 창건하였다. 후량 융덕 3년 봄에 준정이라는 승려가 대량에 갔다 오는 길에 아라한도 몇 폭을 얻어 붉은 비단으로 싸서 함에 넣고 바다를 건너 고려로 돌아왔다. 구공도에 이르렀을 때 풍랑으로 파선이 되었는데 그 며칠 뒤에 함이 해주 남쪽 퇴포주에 떠왔다. 국왕에게 아뢰니 해주의 승사에 가져다 두라고 명하였는데, 왕에게 현몽하여 신광사에 옮겨 봉안하였다. … 지원 3년 성상께서 내탕고에서 금을 내어 김첩목아를 절에 보내 승려들이 거처할 건물 몇 동을 지었다. 지정 원년에 중상시인 상올아를 보내 증수하였다.63)

이 비문을 지은 시기에 대해 장동익 등은 위소가 寶文閣 授經郎이 된 1347년(충목왕3)을 몇 년 지난 시기라고 추정하였다.64) 위소가 원나라 順帝 명에 의해 「고려해주신광사비」를 지을 때 고려승 宏演을 통해 신광사의 사적을 알게 되었다고 한 진술을 통해 볼 때, 이 무렵 무열은 원나라에 체류하고 있었음을 알 수 있고, 위소와 교유관계에 있었음을 확인할 수 있다.

---

63) 危素, 「高麗海州神光寺碑」, 앞의 책, 같은 곳. "聖上以聖智之資 舊勞於外 東涉遼土 至於三韓 或言神光寺之阿羅漢 素著靈異 往詹禮焉 不三四年歸卽大位 乃眷潛藩思 有所紀述 詔翰林侍講學士臣揭傒斯爲紀…臣素旣莫詳其興刱之由 歷數年 始從臣僧宏演 得其顚末 具列而刻諸貞石 按寺在高麗海州之北 新羅大澄大師所刱也 後梁隆德三年春 沙門俊呈來遊大梁 得畵阿羅漢若干軸 緹襲櫝藏泛海東還 次仇公島風濤壞其舟 後數日 櫝浮出於州南槌浦州 以狀聞國王 命取置州之僧舍 旣而見夢於王 遷奉今寺…至元三年 上出金內帑 遣寺臣金帖木兒 建僧房廊廡若干楹 至正元年 又遣中尙寺臣牀兀兒增修焉."

64) 張東翼·權寧培, 「危素의 神光·普光寺 碑文에 대한 檢討」, 『慶北大論文集』 51, 慶北大, 1991, 282쪽.

삼한의 큰 스님인 원명국사가 고려로 돌아가자 국왕이 재상인 장항을 파견하여 임주까지 가도록 하였다. 임주에는 옛부터 보광사가 있었는데 산수가 그윽하고 경치가 좋았다. 기숙·혜심·달한 등이 전충용과 더불어 국사를 이곳에 붙들어 머물게 하였는데, 그의 문도가 3천여 명이나 되어 그 절의 건물로는 수용하기에 부족하였다. 양광도 안렴사인 최현우가 그 관속을 거느리고 증축을 꾀하였다. … 지은 건물이 5백 칸이나 되었다. … 그 뒤 국사가 입적할 때 그의 제자인 소주·혜참 등에게 말하기를, "절은 비록 중건하였으나 불전과 재당은 내가 미처 이루지 못하였으니 너희들이 힘써 이루도록 하라."하였다. 보광사 제5대 주지인 의총이 불당을 새롭게 지어 국사의 뜻한 바를 이루었다. 도성에 있는 선원보은선사의 주지인 굉연이 찾아와 그 일을 써달라고 하면서 말하기를, "제가 젊었을 때 이 절에서 불경을 배웠으니 이 사실을 기록해 달라는 부탁은 정말 뒤로 미룰 수 없습니다."하였다. 이에 굉연으로부터 국사의 전 생애에 관해 듣고 아울러 쓰는 바이다.[65]

장동익 등에 의하면 이 비문은 위소가 國子監丞으로 있던 1353년(공민왕2)에 지었다고 한다.[66] 그 5년 뒤인 1358년(공민왕7)에 건립된 「高麗林州大普光禪寺碑」는 당시 원나라 도성에 있었던 禪源報恩禪寺의 주지인 무열이 危素에게 부탁하여 이루어진 것임을 알 수 있다. 따라서 당시 무열은 원의 수도에 있는 선종 사찰에서 주지로 있었음을 확인

---

65) 危素, 「高麗林州大普光禪寺碑」, 같은 책, 같은 곳. "三韓大浮圖圓明國師 既歸 高麗 國王遣宰相張沆 追及於林州 州故有普光寺 谿山幽勝 耆宿惠諶達閑等與 尙書田沖用 遮留國師於此 其門人三千餘指 室屋不足以容 楊廣道按廉崔君玄 祐 率其官屬 謀爲增葺…爲屋凡五百間…其後師示寂 謂其徒紹珠惠昷等曰 寺 雖重刱 佛殿齋堂 吾未及作 汝等尙勉力 卒成之 第五代住持義聰 既新佛堂以 畢師志 因都城禪源報恩禪寺住持宏演 來求書其事 宏演之言曰 吾少也 受經妓 寺 紀述之託 誠不敢後 於是從宏演得師之始終 而幷書之."
66) 張東翼·權寧培, 앞의 논문, 284쪽.

할 수 있고, 위소와는 서로 부탁을 주고받을 만큼 밀접한 교유관계에 있었다는 사실도 알 수 있다. 또한 무열이 젊은 시절 林川에 있는 보광사에서 불경을 배웠다는 사실도 알게 되었다.

4. 마무리

환암 혼수나 무열 굉연은 아직까지 학계에 알려지지 않은 승려이다. 한·중간의 문화교류에 관심을 가지고 특히 고려시대 중국과의 교류양상에 관해 개척적인 작업을 한 장동익의 경우도 무열상인과 굉연을 별개의 인물로 처리하였다. 승려들에 관한 국내의 자료가 체계적으로 정리되지 않았을 뿐더러 국외 자료에 대한 탐색도 소홀히 한 결과라고 할 수 있다.

이 글에서는 먼저 환암과 목은의 친분관계, 환암과 원나라 문인 부약금과의 교유관계를 살펴보았다. 그러나 환암과 교유한 것으로 알려진 陳旅의 송별시를 구하지 못하여 이 글에서 다루지 못하였다. 이어서 무열과 굉연이 동일인임을 밝히고 무열과 목은의 남다른 관계, 무열과 원나라 문인 오당·위소와의 관계 등도 소략하나마 밝혀 보았다. 특히 무열은 釋翰林이라고 일컬어질 만큼 文才가 뛰어난 詩僧이었음을 소개하였다.

이 밖에도 수많은 고려승들이 원나라에 드나들면서 그곳 문인들과 교유관계를 가지면서 중세 지식소통의 주요한 일익을 담당하였던 것으로 추정되나 구체적인 자료의 한계로 다룰 수 없었던 것은 매우 아쉬운 일이다. 승려들에 관한 자료의 정리와 함께 여원시기 지식소통의 세세한 국면을 밝히는 것이 남은 과제이다.

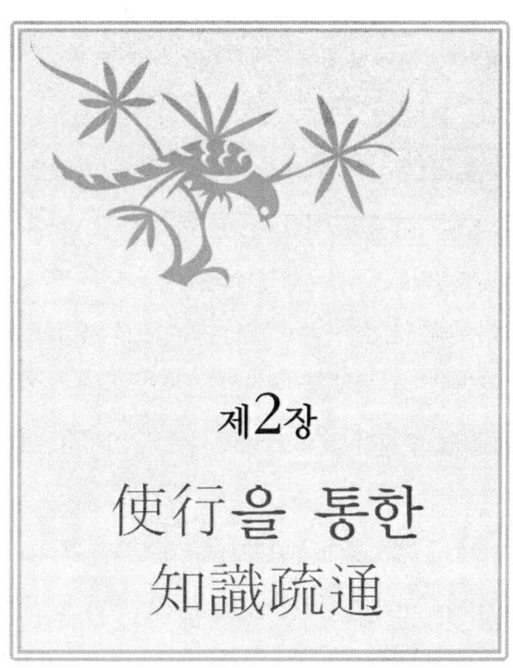

현전하는 자료를 통해 볼 때 이른 시기의 朝天錄으로는 연산군 때인 1500년 李荇(1478-1534)이 質正官으로 명나라에 다녀오며 남긴 시가『容齋集』권4에 전하고 있고, 日記 형식의 기록으로는 중종 때인 1539년 權橃(1478-1548)이 宗系辨誣奏請使로 명에 다녀오며 남긴 것이『冲齋集』권7에 전하고 있다.

그밖에도 1533년에 進賀使로 간 蘇世讓(1486-1562)의 朝天詩가『陽谷集』권3에 전하고, 1534년과 1544년에 冬至使로 간 鄭士龍(1491-1570)의 朝天詩가『湖陰雜稿』권2와 권3에 전하는 등 주로 紀行詩가 주류를 이루고 있다. 朝天日記로는 1574년 聖節使의 書狀官으로 명에

다녀온 許篈(1551-1588)의 일기가 『荷谷先生朝天記』上中下에 실려 전하고, 1577년 謝恩使 서장관으로명에 다녀온 金誠一(1538-1593)의 일기가 『鶴峯逸稿』 권3에 전하고 있다.

그 이후로 중국대륙에 淸朝가 들어서게 되면서 더 이상의 朝天錄은 나타날 수가 없게 되고, 이를 대신하여 燕行錄 또는 燕行記가 나타나게 되었는 바, 대개 燕行日記이거나 燕行詩인 점은 전대와 비슷하였다. 이들 자료를 紀行日記 또는 紀行詩라고 일컬을 수는 있을지언정 韓·中間의 知識疏通의 구체적 자료로 다루기에는 미흡하다고 아니할 수가 없다.

그러다가 드디어 洪大容(1731-1783)에 이르러 본격적으로 이 땅의 지식인이 중국의 지식인과 학문적 의견을 주고받으며 소통을 이루는 사례가 나타나게 된 것이다. 여기서는 『湛軒集』의 여러 가지 기록을 바탕으로 使行을 통한 韓·中間의 知識疏通이 어떻게 이루어졌는가를 살펴보았다.

洪大容과 杭州文人의
學問的 知識疏通

1. 燕行錄과 韓·中 知識疏通

韓·中間 中世의 知識疏通은 ①留學生(僧)을 통한 것, ②及第者를 통한 것, ③使臣의 往來를 통한 것, ④僧侶間의 交遊를 통한 것, ⑤子弟軍官을 통한 것, ⑥譯官을 통한 것, ⑦漂流民을 통한 것, ⑧捕虜를 통한 것 등으로 상정해볼 수 있다. 이 가운데 朝鮮 後期의 知識 疏通은 주로 ③, ⑤, ⑥, ⑦, ⑧에 의해 이루어졌다고 할 수 있다.

그 중에서도 18세기경에는 使臣團의 子弟軍官으로 隨行한 이들에 의해 단순한 燕行錄이 아닌, 中國 쪽 文士들과의 筆談을 바탕으로 한 知識 疏通의 기록이 나타나 주목된다. 이처럼 새로운 형태를 띤 燕行錄의 嚆矢로 洪大容의 「乾淨衕筆談」, 「杭傳尺牘」, 「燕記」 등의 기록을 들 수 있다.[1]

---

1) 정훈식, 「乾淨衕筆談과 사행문학의 전환」, 『배달말』31, 배달말학회, 2002. 참조

朝鮮 後期 北學派의 한 사람이자 우리나라 최초로 地轉說을 주장한 것으로 널리 알려진 洪大容(1731-1783)은 字를 德保, 號를 弘之 혹은 湛軒이라고 하였다. 本貫은 南陽이며, 司諫院 大司諫을 지낸 洪龍祚의 손자이자 羅州牧使를 역임한 洪櫟의 아들이다. 그의 堂姑母夫가 되는 渼湖 金元行(1702-1772)에게 師事하였는데, 김원행은 農巖 金昌協의 손자다.[2]

湛軒은 그의 나이 35세가 된 朝鮮朝 英祖 41년 乙酉年(서기1765년) 季父인 叅議公 洪檍이 冬至使의 書狀官으로 燕行할 때에 子弟軍官으로 隨行하여 北京 땅을 밟게 되었다.

> 을유년 겨울에 나는 계부를 따라 연경에 갔다. 압록강을 건너면서부터는 보이는 것이 새로운 것이 없지는 않았지만 내가 크게 원하는 바는 아름다운 수재나 마음 알아주는 사람을 만나서 그와 더불어 실컷 이야기를 해보고 싶은 것이었다.[3]

이듬해인 丙戌年 2월 3일, 湛軒은 燕京의 乾淨衕에서 杭州 출신의 擧子로 北京에 와 있던 嚴誠과 潘庭筠을 만나게 되고, 같은 달 23일에는 두 사람으로부터 陸飛를 소개 받아 의형제의 교분을 맺게 된다.

> 2월 초하룻날 비장 이기성이 망원경을 사려고 유리창에 갔다가 두 사람을 만났는데, 용모가 단정하고 문인의 기질이 있었다. … 그들의 내력을 물었더니

---

2) 湛軒의 出身背景이나 行蹟에 대해서는 『湛軒書』 부록으로 실려 있는 李淞의 「湛軒洪德保墓表」를 참조하였음.
3) 洪大容, 「乾淨衕筆談」, 『湛軒書』外集 권2. "乙酉冬 余隨季父赴燕 自渡江後 所見未嘗無刱覩 而乃其所大願 則欲得一佳秀才會心人 與之劇談."

절강의 거자로서 과거보러 북경에 올라와 정양문 밖 건정동에 숙소를 정하고 있다고 하더라는 것이다. … 매우 예모가 있고 언사나 용모가 고결하여 반드시 남보다 뛰어난 재주와 학문을 가진 것 같으니 기회를 놓치지 말고 만나보라고 한다. 그래서 다음날 같이 가기로 약속했다. 김재행 평중이 이 소식을 듣고 같이 가기를 원해서 동행했다.

초사흗날 우리 세 사람은 조반을 먹은 뒤 인력거를 타고 정양문을 나가 2리쯤 가서 건정동이라는 곳에 이르니 상점이 있는데 천승점이라는 간판이 붙어 있었다. 여기가 그 두 사람이 묵고 있는 곳이었다. 인력거에서 내려 문밖에 선 채 마부더러 먼저 들어가 알리라고 했다. 두 사람이 중문 밖으로 나와 마중했다.[4]

이렇게 하여 嚴誠·潘庭筠과 만난 湛軒은 거의 날마다 왕래하며 經義·性理·詩文·書畵·歷史·風俗·科學 등에 관해 흉금을 터놓고 필담을 주고받았다.[5] 그러던 가운데 23일에는 陸飛를 소개 받기에 이르렀다.

23일에 문금이 풀려서 평중과 함께 건정동으로 갔다. 손님이 방에 있어서 주저하며 들어가지 않고 있었더니 난공이 나와서 반갑게 맞으며 들어와도 좋다고 하기에 함께 들어갔다. … 난공이 바쁜 기색으로 말하기를, "어제 향시에서 장원급제한 육비가 서울에 도착했습니다. 제가 우리들이 서로 친교를 맺은 일,

---

4) 같은 책, 같은 곳. "二月一日 裨將李基成爲買遠視鏡 往琉璃廠遇二人 容貌端麗 有文人氣 … 略問其來歷 則以爲浙江擧人 爲赴試來 方僦居正陽門外乾淨衕云 … 禮制甚恭 而復以羽扇筆墨茶烟等物報之 基成歸盛言其言貌高潔 必有過人 才學 切勿錯過云 乃約明日同往 而金在行平仲聞之 亦樂與之偕焉 … 初三日 飯後 三人同車出正陽門 行二里許 至乾淨衕 有客店 榜云天陞店 乃二人之所 居也 下車立于門外 令馬頭先入通之 二人聞之 出迎于中門外."

5) 李相殷,「湛軒書解題」,『국역 담헌서』1, 민족문화추진회, 1984, 9-43쪽.

시문을 주고받고 한 일을 일일이 말해주고, 시를 적은 종이를 보여주었더니, 그는 섭섭해 하면서 서울에 늦게 와서 결의에 참여하지 못한 것을 한탄하더군요. 밤이 되자 즉시 등불 아래서 다섯 폭의 그림을 그리고 편지 한 통을 써서 정사·부사·서장관 등 세 대인과 두 분 형님께 드린다고 했습니다. 그는 인품이 고상하고 아취가 있어 세속 사람들과는 다릅니다. 지금 여기 와 있는데 서로 만나는 것이 어떻겠습니까?"했다. 내가 말하기를, "이 사람이 바로 그 연꽃 시를 쓴 육 선생인가?"하니, 난공이 기뻐하면서 "그렇다."고 한다. … 나와 평중이 일어나서 나가려고 하는데 육비가 벌써 발을 쳐들면서 들어왔다. 사람됨이 몸집이 작달막하고 좀 뚱뚱한 편이었다. 얼굴은 희맑고 풍채는 늠름했다.[6]

이렇게 하여 이 다섯 사람은 知己之友가 된 것이다. 燕京에서 杭州의 文士인 嚴誠·潘庭筠·陸飛 등을 만난 湛軒은 그들과 筆談을 통해 수많은 대화를 나눈 뒤 귀국하게 되는데, 귀국해서도 그들 혹은 그들로 인해 알게 된 인물들과 편지를 통해 대화를 지속하게 된다.

湛軒에 관한 연구는 北學派의 思想家로서, 科學的 知識을 包容한 학자로서, 「燕記」와 <乙丙燕行錄> 등 燕行錄을 쓴 作家로서는 상당수 이루어졌으나 18세기경 韓·中 知識疏通의 측면에서 주목한 연구는 별반 없었던 듯하다.

이 글에서는 湛軒의 自發的이고 能動的인 행위로 이루어진 朝鮮 後

<hr>

6) 洪大容, 「乾淨術筆談續」, 앞의 책, 권3. "二十三日 門禁解 與平仲往 有客在座 逡巡不欲遽進 蘭公出門歡迎曰不妨 遂同入則力闇又爲相携就坐 … 蘭公有忙色曰 昨日 陸解元到京 弟以吾輩訂交唱和事 ——詳言之 並出詩札相示 渠聞之 恨恨到京之遲 不得訂交 卽于燈下作畫五幅及札一通 擬呈三大人及二兄 其人高雅絶世 同在此間 可以相會 如何 余曰 此作蓮花詩者陸先生耶 蘭公喜曰 然 … 余與平仲出未及門 陸解元已掀簾而入矣 爲人軀幹短少而肥面白皙 風儀偉然."

期 韓・中間 知識疏通의 한 樣相을 「乾淨衕筆談」과 「杭傳尺牘」을
중심으로 살펴보고자 한다.

2. 湛軒의 燕行錄 著述

2.1. 筆談과 談草

湛軒은 乾淨衕에서 만난 杭州 출신의 文士들과 筆談으로 나눈 對話,
名所를 訪問하였을 때의 所感, 西洋人들과의 筆談, 淸나라의 風習에
대한 자신의 見解 등을 적은 단편적인 기록과 여행의 경과를 날짜별로
적은 備忘錄・日記 등 燕行 당시 現場에서의 記述을 소홀히 하지 않았
다. 그러한 사실을 입증할 만한 자료가 다음의 편지다.

전번에 말씀드린 『회우록』 세 권은 항시 한가한 틈을 타 뒤적이며 보노라면
어렴풋이 건정동에서 마주 앉아 토론하던 때와 같아 만리 밖에서 회상하는 괴
로움을 위로하기에 족합니다. 다만 그때의 담초는 대부분 형이 보관하게 되어
추기할 도리가 없었고, 여기서 편차한 것은 다만 갖고 있는 재료에만 의존한
까닭에 기록할 만한 것이 이미 많이 누락되었고, 말의 맥락이 또한 앞뒤가 잘
맞지 않는데, 이를 억측으로 이제야 보충하고 보면 도무지 본색이 아니게 될
것이니 자못 가탄스럽습니다. 보관하셨던 담초 원본을 혹시라도 그냥 갖고 있
거든 그 중에서 기록할 만한 것을 골라내고, 피차에 수작한 것을 아울러 기록하
여 보여 주십시오. 이곳에 있는 세 권의 책도 형이 또한 보실 뜻이 있으시다면
바로 인편에 부쳐 드리겠습니다.[7]

2.2. 「乾淨衕筆談」

湛軒은 1766년 귀국 후 고향인 天安의 水村 마을에서 자신의 중국 여행 체험 중 가장 큰 수확이라고 할 수 있는 杭州 文士 三人과의 交友를 기록한 「乾淨衕會友錄」을 정리하였다. 後日 『湛軒書』 外集 제2-3권에 수록된 「杭傳尺牘-乾淨衕筆談」이 그것이다. 이의 경과에 대해서는 燕巖 朴趾源이 쓴 序文에 밝혀져 있다.

> 홍군 덕보가 일찍이 어느 날 한 필의 말로 사신을 따라 중국에 가, 시가 사이에서 방황하며 서민 속에서 맴돌고 있던 중 항주의 유학하는 선비 세 사람을 만나게 되었다. 이에 남들이 보지 않는 틈에 여관으로 찾아가니, 옛 친구와 같이 반기면서, 천명과 인성의 근원, 주자와 육상산의 학술의 구분, 진퇴·소장의 기미, 출처·영욕의 분수 같은 것을 더할 수 없이 토론하였는데, 고증의 근거가 들어맞지 않는 것이 없었으며, 그 서로서로 충고하고 선도하여 주는 말이, 모두 지성과 측은한 마음에서 나온 것이었다. 처음에는 지기의 벗으로 사귀다가 마침내는 형제가 되기로 결의하여, 서로 사모하고 좋아하기를 기욕과 같이 하고, 서로 저버리지 않기를 굳은 맹세와 같이 하여, 그 의리가 사람들을 감읍시켰다.[8]

---

7) 같은 책, 권1. 「杭傳尺牘」, 「與秋庫書」. "前告會友錄三本 每乘閒披考怳然 若乾淨對討之時 足慰萬里懷想之苦 但伊時談草 多爲吾兄所藏 無由追記 此中編次者 只憑見在之紙 是以可記者 旣多漏落 語脉亦或沒頭沒尾 臆料追補 頓失本色 殊可歎也 尊藏原草 如或見留 幸就其中 擇其可記者 竝錄其彼此酬酢以示之 此中三本書 吾兄亦有意見之當 卽附便示之也."

8) 같은 책, 같은 곳, 「會友錄序」. "洪君德保嘗一朝踔一騎 從使者而至中國 彷徨乎街市之間 屏營於側陋之中 乃得杭州之遊士三人焉 於是間步旅邸 歡然如舊 極論天人性命之源 朱陸道術之辨 進退消長之機 出處榮辱之分 考據證定 靡不契合 而其相與規告箴導之言 皆出於至誠惻怛 始許以知己 終結爲兄弟 其相慕悅

2.3. 「燕記」와 「乙丙燕行錄」

湛軒은 燕行에서 귀국한 뒤 燕行錄을 두 가지 형태로 저술하였다. 하나는 淸의 文士들과의 筆談 내용이나 淸의 각종 制度·文化·風習 등에 관해 主題別로 나누어 漢文으로 기록한 「燕記」이고, 또 하나는 燕行의 自初至終을 日字別로 엮어 한글로 쓴 紀行文인 「乙丙燕行錄」이다. 「燕記」는 4권 1책으로 저술한 것을 『湛軒書』에는 外集 제7-10권에 수록하였다. 「乙丙燕行錄」은 10권 10책으로 藏書閣과 崇實大 博物館에 所藏되어 있다.

2.4. 「杭傳尺牘」

湛軒이 歸國한 후 杭州의 文士들과 주고받은 書信을 모아 엮은 것으로,『湛軒書』外集 제1-3권에 수록되어 있다. 그 가운데 제1권만이 往來한 書信을 수록한 것이고, 제2-3권은 「乾淨衕筆談」과 「乾淨衕筆談續」으로 燕京에서의 筆談 자료를 정리한 것이다.

也如嗜欲 其相無負也若詛盟 其義有足以感泣人者.”

3. 主要 交遊人物

3.1. 陸飛

杭州 文士 三人 가운데 가장 늦게 만난 인물이다. 1765년 2월 23일에 처음 만났고, 사흘 뒤인 26일에 한 번 더 만나 筆談을 나누었던 인물이다. 당시 나이가 48세였고, 字를 起潛, 號를 篠飮이라고 하였으며, 陸贄의 후손이다. 洪大容은 歸國한 뒤에 네 차례 陸飛에게 書信을 보냈다.

洪大容의 記錄에 의하면, 陸飛는 작달막한 키에 생김새는 豊滿하고 우람하였던 듯하다. 談笑를 즐기고 諧謔을 잘하였으며, 술을 좋아하고 잘 마셔 종일 마셔도 취하여 쓰러지지 않았다고 한다. 詩文과 書畫에도 재주가 빼어나 天眞爛漫하게 자신을 표현하였을 뿐, 남에게 자랑으로 삼지도 않았고, 일부러 다듬어 세상에서 알아주기를 구하지도 않았다고 한다.

天性이 자잘한 예절에 구애되지 않으므로, 洪大容은 그를 순수한 儒學者가 못 된다고 하였다. 그러나 豪宕하면서도 節制함이 있어 放縱에 흐르지 않았고, 疏脫하면서도 節度가 있어 狂蕩함에 이르지 않았다고 한다. 술자리에서나 諧謔을 할 때도 溫和하고 簡潔하며 鄭重하여 貴人의 氣像이 있었다. 同鄉의 擧子인 嚴誠과 潘庭筠이 우러러 尊重하였고, 器量과 風致가 세상에 드문 奇士였다고 한다.[9]

---

9) 같은 책, 권3. 「乾淨錄後語」. "陸飛字起潛號篠飮 己亥生 居杭州湖西大關內珠兒潭 陸贄之後 篠飮爲人短小 狀貌豊偉 喜言笑 雜以諧謔 善飮酒 飮終日不亂

洪大容은 陸飛에 대해 한마디로 "豪快하고 廣闊하며 決斷性 있고 熱烈하다."고 하고, "가을 강에 배를 띄우니 / 달은 밝고 바람은 시원하네."라고 4언시 2구로 평한 뒤 "얻으면 襟懷가 灑落하여 周濂溪의 光風霽月과 같고, 잃으면 放達한 風韻이 南朝의 맑은 빛과 같다."고 하였다.[10]

3.2. 嚴誠

杭州 文士 三人 가운데 처음 만난 인물이다. 1765년 2월 3일에 처음 만났고, 4일, 8일, 12일, 17일, 23일, 26일 등 일곱 차례 만나 筆談을 나누었던 인물로 당시 나이가 35세였다. 字를 力闇, 號를 鐵橋라고 하였으며 嚴光의 후손이다. 洪大容은 歸國한 뒤에 네 차례 嚴誠에게 書信을 보냈다.

洪大容의 記錄에 의하면, 嚴誠은 마른 체구에 뼈대가 굵었으며, 英特하고 峻潔하여 한세상을 내려다본다고 하였다. 좋은 말을 듣거나 善行을 보았을 때는 진심으로 좋아하였고, 재주와 학식이 빼어나 붓 가는 대로 써도 문장이 이루어졌을 뿐만 아니라 條理가 분명하고 구슬을 꿴 것 같이 빛났다고 한다.

嚴誠은 독서의 범위가 넓고 깊어 陸象山·王陽明의 학설이나 불교

詩文書畫 俱極其高妙 惟任眞陶寫而已 不事雕飾以求媚於世 亦未嘗以此加諸人 天性不拘小節 非醇乎儒者 雖然 豪而有制 不至於縱 曠而有節 不至於蕩 卽盃樽諧笑之際 亦溫濕簡重 甚有貴人氣象 不特二人者之所仰重 其器量風味 可謂間世之奇士也."

10) 같은 책, 같은 곳. "篠飮 豪曠決烈 如秋江泛舟月白風淸 得之則灑落襟懷 濂溪之光霽 失之則放達風韻 南朝之淸光."

의 교리에도 조예가 깊었다. 洪大容과 만난 지 얼마 되지 않았을 때 湛軒이 陸·王의 학설이나 불교의 교리에 대해 논박하는 말을 하자 달갑게 여기지 않으면서 물어도 대답하지 않고 대답을 해도 자세히 말하지 않았으며, 세상을 조롱하고 남을 무시하는 말을 곧잘 했었다고 한다. 처음에는 湛軒에 대하여 오만한 빛을 가졌으나 차차 湛軒이 平淡하여 세상의 떠들썩하는 무리들과는 다르다고 생각하면서 진정으로 좋아하고 친밀해졌다는 것이다.[11]

洪大容은 嚴誠에 대해 한마디로 "奇拔하고 剛健하며 迫力이 있다." 고 하고, "찬솔의 우뚝 솟은 志操와 雪竹의 맑고 우뚝한 절개와 같네." 라고 4언시 2구로 평한 뒤 "얻으면 남이 못하는 일 능히 하여 百世의 模範을 勸勉하고, 잃으면 한 고장에 매어 있어서 굳은 절개를 괴롭게 지키리."라고 하였다.[12]

---

11) 같은 책, 같은 곳. "嚴誠字力闇號鐵橋 壬子生 居杭州城內東城太平門裡菜市橋 嚴光之後 鐵橋瘦削多骨格 英特峻潔 傲視一世 及其聞善言而見善行 愛好之出 於至誠 才識超詣 信筆成文 辭理暢快 燦然如貫珠 其志亦未嘗以此自多也 鐵橋才高識敏 於王陸及佛學 皆已遍讀之而窮其說矣 其得之於心學 亦不淺矣 今則自謂無所好而亦不能無宿處之難忘 未知早晚成就 將何以究竟也 鐵橋始聞余論斥王陸及佛學 頗有不悅之色 當其時有問而多不肯答 有答而多不肯詳 間以玩世不恭之語 觀其意 盖嫉世之不識何狀而徒人云亦云者也 是以於余頗有傲色 此其氣質之偏處 雖然 余之所以喜之深而謂其可與友者 亦以此也 其後見余之議論平淡務實而不事浮躁矯激之習 然後亦以余爲異於紛紛之輩而情好日密矣."

12) 같은 책, 같은 곳. "鐵橋 奇健遒勁如寒松特操雪竹淸標 得之則澤木獨立 厲百歲之風範 失之則匏瓜孤繫 偏一節之苦貞."

3.3. 潘庭筠

杭州 文士 三人 가운데 처음 만난 인물이다. 1765년 2월 3일에 처음 만났고, 4일, 8일, 12일, 17일, 23일, 26일 등 일곱 차례 만나 筆談을 나누었던 인물로, 당시 나이가 28세였다. 字를 香祖·蘭公, 號를 秋庫라고 하였으며, 潘岳의 후손이다. 洪大容은 歸國한 뒤에 네 차례 潘庭筠에게 書信을 보냈다.

洪大容의 記錄에 의하면, 潘庭筠은 산뜻하고 姿態가 아름다우며 性格이 豁達하고 諧謔을 즐겼다고 한다. 글재주가 빼어나 붓을 들면 나는 듯이 써내려간다고 하였다. 재치 있고 아름다운 貴公子로, 성격이 明朗하여 남을 대하면 마음을 그대로 드러내 誠實함을 나타내고, 몸차림에 무관심하여 그 사람됨이 사랑스럽다고 하였다.13)

洪大容은 潘庭筠에 대해 한마디로 "風流가 있고 和樂하다."고 하고, "봄바람 부는 큰 길거리에 복숭아와 버들이 어여쁨을 다투네."라고 4언시 2구로 평한 뒤 "얻으면 고운 風光에 넘치는 純情이 한 덩이의 和氣를 이루고, 잃으면 옷 차려 입고 몸을 흔들며 번화가에 노닐기도 하리."라고 하였다.14)

---

13) 같은 책, 같은 곳. "潘庭筠字蘭公號秋庫 壬戌生 居杭城大街三元坊北首水巷口 潘岳之後 秋庫年最少 蕭灑美姿容 性穎發好諧謔 詞翰英達 操筆如飛 直翩翩 佳子弟爾 氣味昭朗 對人開心見誠 不修邊幅爲可愛也."
14) 같은 책, 같은 곳. "秋庫 風流愷悌 如春風紫陌桃柳爭媚 得之則麗景盎粹 可成 一團和氣 失之則袨服搖蕩 或歸五陵遊子."

3.4. 其他

杭州 擧子 三人 이외에도 이들 세 사람과의 인연으로 알게 된 인물도 있고, 使行의 沿路에서 만나 歸國 후에도 書信을 주고받은 인물들이 있다. 이들에 대해 간략히 알아보고 가기로 하자.

湛軒 등의 使行이 燕京에서의 임무를 마치고 歸路에 오른 3월 2일 저녁 自發的으로 湛軒과 그의 叔父를 찾아온 두 사람 가운데 하나가 孫有義다. 그는 字를 心栽, 號를 蓉洲라고 하였으며, 三河縣 출신으로 孝廉으로 뽑힌 인물이었다. 일찍이 使行을 보고 특히 湛軒 叔姪에게 마음이 이끌려 조용히 찾아왔다는 것이었다.[15] 湛軒이 歸國한 뒤 蓉洲에게는 다섯 차례나 書信을 보냈다.

鄧師閔 역시 使行이 歸路에 오른 3월 2일 三河縣에 이르렀을 때 自發的으로 찾아온 인물이다. 그는 號를 汶軒이라고 하였고, 山西省 太原府 출신이며 鄧攸의 後孫으로 湛軒과는 同甲이었다. 그는 貢士에 入選하여 擧子로 있다가 身病으로 擧業을 중단하고 三河縣에서 사람도 사귀고 생계도 꾸릴 겸 소금 장사를 하고 있었다. 그는 풍채가 뛰어나고 점잖으며 말을 하는 것이 순박하고 진실하여서, 虛心坦懷하게 마음을 열어 보였다고 한다. 이튿날 湛軒 叔姪은 盤山에 가는 길에 그의 소금 가게에 들러 잠깐 만나보고 헤어졌다.[16] 湛軒이 歸國한 뒤 汶軒에게는

---

15) 같은 책, 권7. 「孫蓉洲」. "初二日 夕送鄧生 陪季父閒步中庭 有兩人入來 向季父及余肅揖致敬 余答揖問來意 答曰 要見遠方貴人 余謝不敢當 即延請就坐 問其姓號 年長者孫有義字心栽號蓉洲 居城內 被選孝廉 … 余曰 初見我們乎 蓉洲曰 曾見過矣 特未見兩大人之藹然可親耳."

16) 같은 책, 같은 곳, 「鄧汶軒」. "三月初二日 歸到三河入城門 有人至季父車前 欣然而笑 因隨車行 季父使人請相見于店舍 到店果尾來 時余適落後 追到 見其

네 차례 書信을 보냈다.

嚴果는 嚴誠의 兄으로 號를 九峰이라 하였다. 湛軒은 潘庭筠의 소개로 그의 學問과 行實이 높아 江左의 師表가 됨을 알고 멀리서 바라보고 우러러 思慕한 지 오래라고 하였다. 또한 "이미 외람되이 力闇을 아우로 삼았는데 어찌 力闇의 兄을 兄으로 삼지 못하겠습니까? 力闇이 이미 外夷라고 하여 더럽게 여기지 않고 저를 兄으로 섬기기를 꺼리지 않았는데, 어찌 九峰은 저를 外夷라고 賤하게 여겨 저를 아우로 받아들이지 않으시겠습니까?"라고 하여 兄弟로 結義할 것을 다짐하기도 하였다.17) 湛軒은 九峰에게 세 차례 書信을 보냈다.

嚴昻은 嚴誠의 아들이다. 嚴誠이 疫病에 걸려 非命에 他界하자 喪主인 嚴昻에게 역시 先親의 喪中에 있던 湛軒이 弔問의 書信을 보내는 가운데 "일찍이 先丈에게서 자네의 資質이 그다지 庸劣하거나 鈍濁하지 않다고 말씀하시는 것을 들었네."라고 첫 인사를 한 뒤 "사람에게는 온갖 行實이 있는 것이나 오직 孝道가 根本이 되고 孝道 또한 온갖 方法이 있지만 父祖의 事業을 이어가는 것이 제일 큰 것이니, 다만 나이가 어리다고 하여 스스로 放心하거나 앞날이 많다고 하여 스스로 늦

人尙立炕下 時諸譯無至者 倉卒無與語 環顧默然 余卽前揖之 略叙寒暄 其人
大喜 卽延坐炕上 問其姓爲鄧 其年與余同庚 問其先有名祖 答云鄧伯道之後
… 余曰 家在何處 來此何幹 鄧生曰 家在山西太原府 入選貢士 爲擧子業 近因
病懶而廢 來此探親 且有生意 與數友開舖賣鹽 … 鄧生爲人 頎然長者 發言淳
實 虛懷見心 … 約明日 歷謝而別 初三日朝 陪季父歷入鹽舖 鄧生大喜出迎 …
且將往見盤山 上副使已先發矣 行色甚忙 … 出門相別 鄧生又含淚不忍捨焉."
17) 같은 책, 권1. 「與嚴九峰果書」. "容力闇友也 容旣忝與力闇爲友 又因潘蘭公 得
聞我九峯先生有文有行 屹然爲江左師表 容之望風仰德之日久矣 況濫被力闇
錯愛 證交客邸 約爲兄弟 夫旣僭以力闇爲弟 獨不可以力闇之兄爲兄乎 力闇旣
不以外夷爲陋而不憚兄事我也 寧九峯乃以外夷爲陋而不以弟畜我耶."

추지 말고, 놀지 않고 글을 읽으며 깊이 思慕하고 깊이 생각하되 오직 자네 先丈을 생각해야 할 것이네. … 부디 努力하기 바라네."[18]라고 慰撫와 激勵를 아끼지 않았다. 嚴昊에게는 두 차례 書信을 보냈다.

湛軒 등의 使行이 燕京에서의 임무를 마치고 歸路에 오른 3월 2일 저녁 自發的으로 湛軒과 그의 叔父를 찾아온 두 사람 가운데 다른 하나가 趙煜宗이다. 그는 字를 繩先, 號를 梅軒이라고 하였으며, 貢生이었다. 일찍이 使行을 보고 특히 湛軒 叔姪에게 마음이 이끌려 조용히 찾아왔다는 것이었다.[19] 湛軒이 歸國한 뒤 梅軒에게는 두 차례나 書信을 보냈다.

徐光庭은 號를 朗亭이라고 하였으며 潘庭筠의 外四寸兄으로 湛軒이 직접 만난 일은 없는 인물이다. 그도 역시 杭州 출신의 擧子로 燕京에 머물면서 店鋪를 열고 있었다. 湛軒이 潘庭筠 등과 헤어진 뒤 연락 방법에 대해서 물었을 때, 潘庭筠이 자신과의 연락을 위해 湛軒에게 소개한 바 있다. 湛軒은 그와 한 차례씩 書信을 주고받은 듯하다.[20]

朱文藻 또한 湛軒과는 직접 만난 일이 없는 인물이나 嚴誠과 친밀하였던 듯하다.[21] 號를 郎齋라고 하였다. 嚴誠이 他界할 때의 상황을 書

---

18) 같은 책, 같은 곳, 「與嚴昊書」. "嘗承敎先丈 稱賢契資質尙非庸鈍 … 人有百行 惟孝爲本 孝有百端 述事爲大 惟勿以童幼自解 勿以年富自寬 絶嬉戲劼經籍 深慕永懷 … 惟乞努力."

19) 같은 책, 권7. 「孫蓉洲」. "初二日 夕送鄧生 陪季父閒步中庭 有兩人入來 向季父 及余肅揖致敬 余答揖問來意 答曰 要見遠方貴人 余謝不敢當 卽延請就坐 問 其姓號 … 少者趙煜宗字繩先號梅軒 亦貢生也 皆執禮溫謹儒雅可喜."

20) 같은 책, 권2. 「乾淨衕筆談」. "余曰 別後通信 或有商量否 蘭公曰 煤市街徐朗亭 卽弟之表兄也 寄此便是 余曰 朗亭是京裏人耶 蘭公曰 他亦杭州擧人 留京開 舖七年."

21) 같은 책, 권1. 「答朱朗齋文藻書」. "鐵橋之於足下 半生綢繆 集中酬唱諸作 可徵 其一城追從 乃有如此知愛 向來城南筆話 每患忽遽未及 一聞其名 最爲可恨."

信으로 湛軒에게 알린 사람이다.22) 이에 대해 湛軒이 한 차례 答信을 보낸 사실이 확인된다.

4. 知識疏通의 實際樣相

燕巖 朴趾源은 「會友錄序」에서 湛軒과 杭州 文士 三人의 만나 結義兄弟하고 筆談한 이야기에 대해 "「天命과 人性의 根源」, 「朱子와 陸象山의 學術의 區分」, 「進退·消長의 機微」, 「出處·榮辱의 分數」 같은 것을 더할 수 없이 討論하였다."23)고 하였다.

여기서는 燕巖의 구분에 따라 湛軒과 杭州 文士들 사이의 知識疏通이 어떻게 이루어졌는가를 살펴보고자 한다. 이에는 「乾淨衕筆談」 등 筆談 資料와 「杭傳尺牘」 등 書簡 資料를 함께 檢討하기로 한다.

4.1. 天命과 人性의 根源

天命思想은 孔子의 「知天命」에서 비롯하여 子思子에 의해 「하늘이 命한 것을 性이라고 한다.(天命之謂性)」로 전개된 것을 孟子가 계승하였다. 맹자에 의하면, 性과 命은 본래 하나로서 天이 나에게 주었다고 보면 命이 되고, 내가 받았다고 보면 性이 되는 것이다. 그러므로 性은

---

22) 朴趾源, 「洪德保墓誌銘」, 『湛軒書』附錄. "誠之在閩病篤 猶出德保所贈鄕墨嗅 香 置胸間而逝 遂以墨殉于柩中 吳下盛傳爲異事 爭撰述詩文 有朱文藻者寄書 言狀."

23) 앞의 주 8) 「會友錄序」 참조

인간의 本性으로서 인간이 인간으로 존재할 수 있는 存在原理가 되며, 命은 運命의 의미와 함께 인간의 主體的 自覺을 통해 使命으로 생각된다. 따라서 인간이 인간답게 살아가야 할 當爲의 原理는 人間本性에서 起因한다는 것이다. 人間本性대로 살아가는 것이 인간의 當爲原理가 되며 인간이 인간답게 살아갈 때 인간의 存在意味가 드러나는 것이다. 이처럼 인간의 主體的 自覺이란 인간의 本性을 아는 것이고, 그 根據인 天을 아는 것이며 또한 인간의 使命을 自覺하는 것이다.[24]

天命과 人性은 한마디로 나타내면 性命이 된다. 이제 『湛軒書』의 筆談과 尺牘에 언급된 「性命」을 일별하여 湛軒과 杭州 三士를 비롯한 中國 文士들 사이에 이 문제가 어떻게 疏通되었는가를 보기로 하자.

> 벗과 벗이 서로 사귀는 것은 하나는 뜻에 있고, 하나는 道에 있으니, 그 뜻이 같고 그 도가 합하면 천년 전의 옛 사람도 벗으로 삼거든 하물며 이 세상에 함께 살고 있음에랴. 만 리에 한 마음으로 멀리 서로 통하여 맺으니, 이는 道義의 사귐이며 이는 性命의 사귐이네. 어찌 구구히 얼굴이 다르고 지역이 다른 것으로 구애될 것이 있겠는가.[25]

이 글은 嚴誠과 親交가 있는 朗齋 朱文藻라는 사람이 嚴誠의 訃音을 전하자 이에 答書로 쓴 글이다. 湛軒이 義弟로 삼은 嚴誠을 朗齋가 義兄으로 삼았으니, 한번도 직접 만난 일은 없지만 朗齋를 義弟로 여긴다고 한 뒤에 위의 글이 이어지고 있다. 각자의 뜻이 같고 각자의 道가

---

24) 黃義東, 「孟子의 天命思想」, 『論文集』17, 淸州大, 1984., 18쪽.
25) 洪大容, 앞의 책, 外集 권1. 「答朱朗齋文藻書」. "友朋之交 一則在志 一則在道 其志同其道合 尙或友古人於千載 況生幷此世 萬里一心 遙相印訂 是道義之交 也 是性命之交也 亦何必區區於形面之隔而疆域之拘哉."

합하면 벗으로서의 사귐이 이루어질 수 있다면서 이를 道義의 사귐이라고 하고, 道義의 사귐은 人間의 本性에서 우러나오는 것이므로 性命의 사귐이라고 한 것이다.

홍대용 : 性命을 논한 글은 어떠한가?

엄성　 : 持論이 극히 좋으니 가지고 돌아가 새겨 간행하겠소.

홍대용 : 이는 조선 선비들의 큰 논란거리라네. 다만 초학자에게는 실지로 그다지 긴요할 게 없지만.

엄성　 : 어찌 긴요하지 않겠소? 다만 性命에 대해 논하기를 두려워하는 사람은, 비록 초학자가 아닌 蘭公 같은 사람도 또한 즐겨 들으려 하지 않지요.

홍대용 : 우리나라의 선배들이 한 名言을 하였는데 이르기를, '지금 사람들은 손으로는 灑掃의 節次도 모르면서 입으로는 性命의 原理를 말한다.'라고 하였다네. 蘭公 兄의 뜻이 이에서 나왔다면, 그 즐겨 듣지 않음이 참으로 존경할 만하네.

그러자 蘭公이 보고 웃었다.[26)]

2월 12일, 湛軒이 嚴誠·潘庭筠과 네 번째로 회동하여 兩國의 服飾과 風習의 차이 등에 대해 필담을 나누다가 스승인 渼湖先生이 性命을 논한 글에 대한 감상을 묻는 대목이다. 杭州 출신의 두 선비의 입장에서 본다면 東方의 작은 나라인 朝鮮의 學者가 中國에 뿌리를 둔 性理學에

---

26) 같은 책, 권2. 「乾淨衕筆談」. "余曰 論性書何如 力闇曰 持論好極 擬帶歸刊刻 余曰 此是東儒大是非 但於初學實地 無甚關緊 力闇曰 如何不關緊 但畏談性命之人 則雖非初學 如蘭公者 亦不樂聞之耳 余曰 我東先輩 有名言曰 今人手不知灑掃之節而口談性命之蘊 蘭兄之意出於此 則其不樂聞 眞可敬耳 蘭公見之而笑."

대해 깊은 이해를 하고 있는 데 대해 놀랐을 것이고, 한편으로는 認識을 달리하는 契機가 되었을 법하다. 그 근거는 '持論이 극히 좋다.'는 평가와 '(항주로) 돌아가 새겨 간행하겠다.'는 意志의 言表에 있다. 이에 대해 湛軒은 朝鮮의 學者들이 灑掃의 節次도 모르면서 입만 열면 性理學에 대해 말한다고 응대하였으나, 이 말을 통해 杭州의 두 文士는 朝鮮에서 性理學이 어느 정도로 熱風을 일으키고 있는지를 느꼈을 것으로 보인다.

> 홍대용 : '風流' 두 글자는 杜牧之 같은 사람에게나 해당하고 족히 말할 것이 못 되네. 비록 米元章과 松雪 趙孟頫 같은 사람의 그림이나 글씨를 선비들은 泰山北斗와 같이 우러러보지만, 有識한 君子가 보면 鄙陋하고 또 鄙陋할 뿐일세.
>
> 엄성 : 蘭公은 다만 米元章이나 趙孟頫 같은 사람이 되려고 하여 평생에 이르지 못할까 두려워하는데, 지금 형의 말씀을 듣고 보니 참으로 몇 천 겁이나 어긋나는군요. 긴요한 말은 번거로운 데 있지 않고, 다만 한 걸음 한 걸음 實地를 밟는 것이 필요합니다. 이런 학문은 허리를 일으켜 세워야 비로소 해낼 수 있는 것이지요. 온종일 뒤숭숭해서 어리둥절하며 무기력하게 지내서는 醉生夢死를 면할 수 없을 겁니다. 비근하게 말씀드리면, 米元章이나 趙孟頫의 재주에 精通하는 일은 一朝一夕에 성취할 수 있는 것이 아니지요. 이 공부를 옮겨서 心身을 다스리고 性命을 窮究한다면 또한 어떤 경지엔들 이르지 못하겠습니까?
>
> 홍대용 : 그것 또한 하늘의 巧妙함을 빼앗은 뒤에나 능히 할 수 있을 것이니 그것 역시 그리 쉬운 일은 아닐세.[27]

역시 12일, 兩國의 風習과 學問 등에 대한 筆談이 이어지다가 潘庭
筠이 東方의 風流佳話에 대해 물었을 때 湛軒이 風流에 대해 否定的
인 反應을 보이면서 주고받은 내용이다. 湛軒은 中國에서 風流의 代名
詞인 杜牧之, 書畵의 大家인 趙孟頫와 米元章을 예로 들어 선비들이
이들을 泰山北斗처럼 우러러 思慕하지만 有識한 君子의 입장에서 보
면 鄙陋할 뿐이라고 하면서 詩·書·畵의 의미를 일거에 내쳐 버린 것
이다.

이에 同調하여 嚴誠은 米元章이나 趙孟頫를 부러워하며 목표로 삼
는 그 열정을 性理學 공부에 옮겨 心身을 다스리고 性命을 窮究한다면
어떤 경지엔들 이르지 못하겠느냐고 하였다. 이에 대해 湛軒은 열정만으
로는 어려우며 天巧를 빼앗은 뒤에나 가능할 것이라고 다시 警戒하였다.

君子의 道는 마음에는 잡됨이 없고 事物에는 貪心이 없어야 한다. 그의
몸은 淸明하고 그의 집은 虛白하니 거의 湛字의 설명에 부합된다. 洪君이
매양 나와 性命의 學을 講하면, 그 말이 아주 醇厚하니 대개 깊이 湛字의
뜻에 얻음이 있는 사람이다.[28]

2월 19일 潘庭筠이 지어서 보낸 「湛軒記」 가운데 쓴 말이다. 4일 두

---

27) 같은 책, 같은 곳. "余曰 風流二字 如杜牧輩當之 此何足道哉 雖如米元章 趙松
雪輩 文墨之士仰之若山斗 而自識者觀之 亦卑而又卑耳 力闇曰 蘭公只望如米
趙二公之類 亦恐終身不到 今聞吾兄之論 眞正差幾千刦在 又曰 要言不煩 只
要步步脚踏實地 又曰 此等學問 要堅起脊梁 方可做得 終日悠悠忽忽委靡不振
不免醉生夢死 即卑論之如米 趙之精于藝者 亦非一朝一夕所能成就 移而至于
身心性命之學 又何境地不可到乎 余曰 彼亦奪天巧然後能之 亦自大不易."
28) 같은 책, 같은 곳. "君子之道 心則不淆 物則不緇 其躬淸明 其室虛白 庶幾於湛
字之說有合 洪君每與予講性命之學 其言大醇 蓋深有得于湛字之義者."

번째 만났을 때 湛軒은 자신의 스승인 渼湖先生을 소개하면서 스승이 지어준 '湛軒'이라는 號와 자신이 정한 八景도 밝히고 記文과 八景詩를 부탁하여 허락을 얻었었다. 그 이튿날 湛軒은 편지를 보내 '湛軒'의 趣旨와 八景에 대해 설명하였다. 그리하여 嚴誠은 「八景詩」를, 潘庭筠은 「湛軒記」를 써 보냈던 것이다. 性命의 學問은 人間의 本性에 관한 것이므로 雜慾이 없는 君子의 마음으로 해야 한다는 생각이 엿보인다.

> 나는 算學을 익히지 않았으니 감히 天文에 대해 말하지 못하겠거니와, 湛軒은 오랫동안 性命의 學問을 講究하였으니, 그 玩心의 高明함이 반드시 器數의 末端에 매이지 않는 것을 가지고 있을 것이다.[29]

湛軒은 2월 23일 陸飛를 처음으로 만났는데, 이튿날 그에게 서신을 보내 자신의 집에 설치한 籠水閣의 규모에 대해 설명하고 그에 관한 記文을 부탁하였다. 그 뒤 27일, 陸飛가 보낸 서신 가운데 「籠水閣記」가 포함되어 있었던 바, 이 글은 그 끝부분이다. 여기서 性命은 器數의 末端과는 상대적인 의미로 쓰였음을 알 수 있다. 즉 渾儀 등의 기구로 天文을 測候하는 것이 器數의 末端, 形而下의 現象인 氣에 해당한다면, 性命에 관한 講究는 形而上의 本體인 理에 해당한다고 할 수 있겠다.

> 만약 편지의 말씀대로 '學問修行은 요컨대 이름이 이루어지는 것으로서 徵驗을 삼는다.'고 한다면, 이름과 실속은 서로 떠나지 못한다고 하였은즉, 이러한 이치가 없다고 말할 수 없을 것입니다. 다만 實德은 나에게 있는 것이고

---

29) 같은 책, 권3. "余不習算學 不敢譚天 湛軒講性命之學久 其玩心高明 必有不泥於器數之末者."

이름이 이루어지는 것은 남에게 있는 것이니, 나에게 있는 것은 性이요, 남에게 있는 것은 命이므로 君子가 세상을 피하여 홀로 행하는 것은 天性 그대로 행하는 것일 뿐, 命에 무슨 관계가 있겠습니까? 이름을 좋아하는 데서 시작하여 중반에서는 이름을 이루고 마침내는 이름을 잊어버리면 넓고 깊고 멀어 백성이 칭송할 수조차 없을 터이니, 어찌 더욱 道에 나아가는 것이 아니겠습니까? 그대를 위해 바라나이다.30)

梅軒 趙煜宗은 湛軒이 燕京에서의 일을 마치고 귀국하던 3월 2일 자발적으로 숙소로 찾아와 만났던 인물로 그 당시 貢生이었다. 위의 글은 梅軒이 鄕試에 좋은 성적으로 及第하였다는 편지를 받고 祝賀와 함께 警戒를 하는 뜻으로 써 보낸 것이다. 여기서는 性命을 구분하여 實德이 나에게 있는 것을 性이라 하고, 이름이 남에게서 이루어지는 것을 命이라고 하였다. 이는 맹자의 사상과 다름이 없어 보인다.

맹자는 性과 命이 본래 하나로서 天이 나에게 주었다고 보면 命이 되고, 내가 받았다고 보면 性이 되는 것이라고 보았다. 그러므로 性은 인간의 本性으로서 인간이 인간으로 존재할 수 있는 存在原理가 되며, 命은 運命의 의미와 함께 인간의 主體的 自覺을 통해 使命으로 생각되는 것이다. 梅軒이 벼슬하게 된 것은 이름이 남에게서 이루어진 命이라고 할 수 있고, 그러기까지 梅軒 자신이 갖춘 實德은 性이라고 할 수 있는 것이다. 그러기에 性을 위해 命을 부정할 수는 없으므로, 이름을 좋아하고 이름을 이루는 命에서 시작하여 궁극적으로 이름을 잊는 性에 이르도록

---

30) 같은 책, 권1. 「答趙梅軒煜宗書」. "若來教行修要以名成爲驗者 旣云名實相須 則不可謂無是理也 但實德在己 名成在人 在己性也 在人命也 君子之遯世獨行 所性而已 其於命何 始於好名 中於成名 終焉忘名 廣博深遠 民無得稱 豈非益 進於道乎 爲足下願之."

勸勉한 것이다.

홍대용 :『大學』首章의「明德」을 여러분은 어떻게 생각합니까?

주응문 :『朱子集註』의 講解가 자세합니다.

홍대용 : 분명치 못하더군요.

주응문 :『朱子集註』가 분명치 않았다면 세밀하게 분석하지 못할 것입니다.

홍대용 : 후학은 아무리 보아도 명백히 알지 못하겠더군요. 밝게 가르쳐 주십시
오.

주응문 : 明德은 곧 天命의 性입니다.

홍대용 : 心이라 할 수 없습니까?

주응문 : 性은 곧 心으로 가는 것이니, 心밖에는 性이 없습니다.

홍대용 : 心이 비록 性을 포괄하나 결국은 理와 氣로 크게 나누어집니다.

주응문 : 氣質을 겸하여 말한 이도 있고, 理를 주로 하여 말한 이도 있지만,
明德이란 것은 오로지 理를 주로 하여 말한 것입니다.

홍대용 : 虛靈하고 어둡지 않아 모든 이치를 갖추고 萬事를 응하니, 아마 理
만을 주로 하여 말했다고 할 수는 없을 듯합니다.

주응문 : 性이란 원래 體와 用을 겸비한 것이니 '갖춘 것은 體'이고 '응하는
것은 用'입니다. 귀처에서는 明德을 어떻게 생각합니까? 가르쳐 주
시기 바랍니다.

홍대용 : 性이라 말하는 이도 있고, 心이라 말하는 이도 있으며, 또 心이 性과
情을 포괄하였다는 이도 있습니다.

주응문 : 그렇다면 어떤 학설을 주장하십니까?

홍대용 : 저는 특별한 주견이 없습니다. 오직 올바로 보는 사람이 말을 가지고
그 말의 참뜻을 해치지 아니한다면, 모든 학설이 다 통용될 것입니
다.[31]

1월 26일 湛軒 일행이 琉璃廠에 가서 味經齋에 들렀을 때 周應文·蔣本 등 監生과 彭光盧라는 소년을 만나게 되었다. 인용한 것은 周應文과 『大學』첫머리의 明德에 관해 주고받은 필담이다. 여기서는 湛軒이 23세 젊은 監生의 性理學에 대한 素養을 여러 가지로 시험해 보는 데 그치고 있다. 그러자 周應文이 湛軒에게 어느 학설을 추종하느냐고 되물었다. 이에 대해 湛軒은 특별한 主見이 없다고 하면서도 올바로 보는 사람이 말을 가지고 그 말의 참뜻을 해치지 않는다면 다 받아들일 수 있다고 하여 여러 학설에 대한 包容力을 보여 주었다.

4.2. 朱子와 陸象山·王陽明 學術의 差異

2월 23일은 湛軒과 陸飛가 첫 對面을 한 날이다. 朝鮮의 洪大容과 金在行, 杭州의 文士인 嚴誠·潘庭筠·陸飛 등 다섯 사람은 結義兄弟를 하고 陸飛가 三使와 洪大容, 金在行을 위해 그린 그림을 話題로 筆談을 시작하였다. 杭州 西湖의 경치에 대해 필담을 나누던 그들은 洪大容이 嚴誠과 潘庭筠에게 써준 글로 화제가 옮겨 갔다. 바야흐로 술잔을 酬酌하던 그들은 朱子의 『詩經』註釋에 대해 이야기를 나누기 시작하였다.

---

31) 같은 책, 권7. 「蔣周問答」. "余曰 大學首章明德 僉位以爲何物 周曰 朱註講解已詳 余曰不明 周曰 朱註不明則難以部析 余曰 後學看不明白 願得明敎 周曰 明德卽天命之性 余曰 不可謂之心乎 周曰 性卽注于心 心外無性 余曰 心雖包性 終有理氣之大分 周曰 亦有兼氣質而言者 亦有主理而言者 明德則專主理而言 余曰 虛靈不昧 具之應之 恐不可謂專主理而言 周曰 性原是體用兼該 具是體 應是用 又曰 貴處以爲何如 願請敎 余曰 有謂之性者 有謂之心者 有謂之心包性情者 周曰 畢竟主何說 余曰 鄙無主見 惟善看者不以辭害意 則諸說可通用."

(가)

엄성 : 앞서의 글에 대해서 오래도록 답장하지 못하였으나 나중에 꼭 회보하
       겠습니다. 小序는 절대로 폐할 수 없는 것이니 주자의 詩經 주석은
       실로 혼잡 되어 맞지 않는 것이 많음으로 감히 그대로 따를 수는 없습
       니다.(중략)

홍대용 : 이 아우는 小序에 있어서 감히 앞서의 말을 답습하지 않고 감히 朱
       子를 엄호하지도 않습니다만, 그 말을 보건대 모두 근거가 없으니 형
       은 자세히 가르쳐 나의 우매한 것을 깨쳐 주기 바랍니다.

육비 : 老弟가 朱子를 존숭함은 지극히 옳으나, 小序를 폐한 것은 억지로
       辨解할 것이 없습니다.

반정균 : 가령 <白駒> 시를 보더라도 朱子의 註釋에서 이르기를 '嘉客은
       逍遙하는 것과 같다.'고 하였으니, 朱子의 註釋에 이와 같은 것이
       대단히 많은데 과연 옳다는 것인가요?

홍대용 : 訓詁는 진실로 유감이 있다고 하겠으나 그 大體의 훌륭한 것을 덮을
       수는 없을 것입니다.

육비 : 나의 의견으로 말해보면 小序는 옛 시대에서 얼마 멀지 않은 때의
       것임으로 근본한 바가 있는 것 같습니다. 옛사람들이 師承은 한 줄기
       서로 전하는 것이니 마치 高·魯·韓 三家 같은 것이 각각 근본한
       바가 있는 것 같고, 그 실은 '길을 갈라 칼을 던진대[分道揚鑣]'(각
       자 자기 발전을 꾀한다는 뜻)는 것뿐이요, 당시에는 學宮에 보존되어
       모두 폐하지 않았으니, 이는 다만 옛사람이 經典을 존중한 것을 알
       수 있을 뿐이 아니라, 또 진실은 진실대로 의심은 의심대로 전하는 뜻
       인데, 朱子는 자기 의견만을 단정하여 비로소 小序를 폐한 것입니
       다. 그런데 그 실은 다른 곳에서는 小序를 근본한 것이 상당히 많으
       면서 유독 鄭·衛에 있어서만은 '鄭聲은 淫하다.'는 한 마디 말씀
       에 의거하여 드디어 아울러 淫詩로 만들어 놓았으니, '소리의 음란은

시의 음란이 아니다[聲淫非詩淫].' 하는 것은 옛사람이 이미 分辨해 놓은 것입니다. 만약 음란하다고 한다면 공자께서 詩經을 刪定한 것은 본래 이것으로써 사람을 가르치려고 한 것이니, 비유해 말하면 父兄이나 師長이 사람에게 음란하지 않은 것을 가르치려고 하면서 이에 그 사람과 그 일을 열거해 놓고, 아무개는 이렇게 음란하다, 음란한 자의 말은 이와 같이 애정이 있다고 한다면 그것은 벌써 점잖은 말이 못되는 것으로서, 어린애나 천한 종이라도 웃을 것이어늘 어찌 성인으로서 이럴 수 있겠습니까? … 나의 의견으로는 朱子의 注書는 대단히 많아서 혹은 門人의 손으로 지은 것도 없지 않을 것이니 小序가 있느니 없느니 하는 것으로 朱子의 輕重을 평가할 수는 없는 것이라고 봅니다."

반정균 : 朱子의 詩經 주석에는 '未詳'이라고 말한 것이 많고, 또 본 시문에 나아가서 약간 한두 자의 虛字를 첨가하였으니 이 주석을 통틀어서 만일 꼭 주자가 自註한 것이라고 한다면 이는 朱子를 존중하려고 하면서 도리어 朱子에게 누를 끼치는 것이 되지 않을까 합니다. … 詩經 주석은 아마도 門人의 손에서 된 것인가 합니다.

엄성   : 제가 열두서너 살 때에 <葛覃> 시를 읽었는데, 그 주해에 '葛葉이 바야흐로 무성하매 꾀꼬리가 그 위에서 운다.'고 한 것을 보고 절로 웃음이 터졌습니다. 이 시는 세 글귀[三句]가 一段을 이루는 것으로서, 萋萋가 喈喈와 叶韻이 되니 꾀꼬리는 절로 灌木 위에서 울게 되는 것이지, 칡잎이 무슨 관계가 있겠습니까? 이런 것은 비록 극히 사소한 일이지만 역시 그것이 朱子의 손에서 나오지 않은 것임을 알 수는 있는 것이지요. 이 말은 종래의 아무도 발설한 사람이 없었고 다만 제가 비로소 그렇지 않다고 주장하였을 뿐입니다. 또 豳風 <七月>章에 '八月剝棗'와 '十月穫稻' 두 구절에 대해서, 朱子는 棗자의 음을 走로 하고 稻자의 음을 두[徒口反]로 만들어 협운으로 하

고 조와 도가 한 韻이 되고 酒와 壽가 한 운이 됨을 알지 못하였습니다. 그래서 그것을 한 운으로 맞추려고 했으니 그렇다면 酒壽는 왜 湫·濤와 같이 읽지 못하겠는가? 詩經 중의 音切이 잘못된 것은 이루 다 거론할 수 없을 정도이니, 이는 결코 朱子 門人의 손으로 써진 것이거나 혹은 晩年의 完整되지 않은 책이지, 저 大學·中庸·論語·孟子 등의 정확을 기한 鐵板註疏(확고불변하는 주석이란 뜻)와 같지는 않습니다. 그런 것을 이제 반드시 朱子가 만든 것이라고 하여 마치 수족이 頭目을 보호하듯이 변호하여 드디어 한 마디의 말도 감히 논함이 없으니 또한 정도에 지나친 것입니다. 明나라로부터 지금까지 大儒들이 번갈아 일어났지만 모두들 '漢나라 사람은 고대와 멀지 않았으나 모두들 小序를 존중하였는데, 朱子 한 사람에게 용납되지 못하여 일어나 폐하였다.' 합니다. 鄭·衛의 시에 속한 것이면 모두 淫奔의 시라고 규정해 버리지만 鄭衛의 음란한 것은 그 聲音을 말한 것이요, 시를 말하는 것이 아님을 알지 못한 것입니다. 이런 辨別의 논은 매우 많아 일시에 다 기억하지 못하겠으니 형께서는 자세히 살펴보시기 바랍니다.

홍대용 : 이 문제는 말만으로 논변할 것이 못되니, 청컨대 돌아가서 제형들의 가르쳐 주신 말씀을 자세히 살펴보고 혹 아우의 망령된 의견이 있게 된다면 마땅히 회답해 드리겠습니다.[32]

---

32) 같은 책, 外集 권3.「乾淨衕筆談續」. "力闇曰 前日書久未答 終當有以報之 小序決不可廢 朱子於詩注 實多躊駁 不敢從同也 … 余曰 弟則於小序 非敢蹈襲前言 非敢掩護朱子 看其言儘無據 幸兄詳示以破蒙 起潛曰 老弟宗朱極是 然廢小序 必不能强解也 蘭公曰 卽如白駒之詩 朱子注云嘉客猶逍遙也 朱子注如此類極多 果是耶 余曰 訓詁諒有餘憾 終不掩其大體之好 起潛曰 … 以鄙意論之 小序去古不遠 似有所本 古人師授 一脉相傳 如高魯韓三家 各有所本 其實分道揚鑣 當時存之 學宮俱不廢 此不特見古人尊經 亦是信以傳信 疑以傳疑之意 而朱子斷以己意 始廢小序 其實他處宗小序頗多 獨于鄭衛則據鄭聲淫一語 遂幷置爲淫詩 聲淫非詩淫 昔人已辨之矣 如以爲淫 則夫子刪詩 本以敎人 譬之

(나)

홍대용 : 『易經』을 읽는데 무슨 註를 주로 합니까?

엄성 　 : 科場에서는 程子의 註를 따릅니다. 經書는 朱子를 좇지 않는 것이 없지만 다만 『詩經』한 책에 있어서는 考官의 命題와 發策에 微妙한 말이 많이 있습니다. 朱子가 小序를 반대하는데, 지금 小序를 보면 매우 좇을 만합니다. 그러므로 학자들이 능히 朱子를 의심하지 않을 수 없지요.[33]

(다)

小序의 설에 대해서는 저도 대략 보았습니다. 그곳에서는 孔子의 말씀을 취하여 여기저기 주워 엮어서 말한 것이 전혀 文理를 이루지 못하였는데, 이는 朱子의 辨說에 자세히 갖추어져 있습니다. 대개 그것은 踏襲하고 剽竊하여 억지로 말을 만든 것이니, 시험 삼아 그 말에 따라 읽어보면 마치 나무 조각을

父兄師長 欲敎人以不淫 乃臚列其人其事 以爲某也如是之淫 淫者之語 如是其有情 則已不復成莊語矣 雖僮僕 亦應笑之 曾謂聖人而如是乎 … 鄙意朱子注書甚多 或不無門人手作 則有小序無小序 或不足爲朱子輕重可耳 蘭公曰 朱子詩注 多云未詳 又卽本詩 略添一二虛字 便算是注 如必以朱子自注者 恐欲宗朱而反有累于朱也 … 又曰 朱子無不是者 詩注恐出門人之作 力闇曰 弟年十二三時 讀至葛覃詩注 葛葉方盛而有黃鳥鳴于其上也 不覺大笑 此詩三句 一段萋萋叶喈喈則黃鳥自鳴于灌木之上耳 于葛葉何預 此雖其細已甚 然亦見其非出於朱子之手矣 此語從來無人說及 只鄙人以爲不然耳 又八月剝棗 十月穫稻二句 朱子音棗爲走叶 稻爲徒口反 而不知棗稻一韻 酒壽一韻 卽欲叶韻 則酒壽獨不可讀若湫濤乎 經中音切多誤 不可枚擧 此決爲朱子門人手筆 或晚年未定之本 非如學庸語孟之爲鐵板注疏也 必以其爲朱子而如手足之護頭目 遂無一語之敢議 亦過矣 自明迄今 大儒代有 皆以爲漢人去古未遠 皆尊小序 不容朱子一人起而廢之 凡屬鄭衛之詩 槩指爲淫奔之詩 而不知鄭衛之淫者 其音也而非詩也 此類辨甚多 一時不能記憶 惟高明詳察 余曰 此不可以口舌爭 請歸而詳覽諸敎 或有妄見 當以奉復也." 밑줄은 필자가 그었음.

33) 같은 책, 권2. "余曰 讀易 主何註 力闇曰 科場遵程子 又曰 經書雖無不遵朱子而獨有詩經一書則考官命題發策 多有微辭 又曰 朱子好背小序 今觀小序 甚是可遵 故學者不能無疑于朱子." 밑줄은 필자가 그었음.

씹는 듯하여 전혀 餘韻이 없지요. 스스로를 속이고 남을 속임이 또한 너무 심
합니다.[34]

(라)

그리고 『詩經』의 註釋이 朱子의 손에서 이루어진 것이 아니라고 하였는데,
이는 그 詩의 意義가 잘되고 못된 것은 고사하고 그 문장의 조리가 명백하고
혼융하여 마치 夏禹氏의 治水와 같아서 그 무사한 것을 행할 뿐이었으니, 모
르거니와 朱子 이후에 이와 같이 할 사람이 있겠습니까? 또 스승의 이름을 가
만히 도둑질하여 제가 지은 글로 내세운다는 것은 그 악함이 벽을 뚫고 담을
타 넘는 자보다도 더 심한데, 朱門의 末學이 大義에 있어서는 비록 어긋났다
하더라도 그 더러움이 담을 넘는 무리에는 이르지 않았을 것입니다. … 만일
『詩經』의 註解가 잘못되었다고 한다면 직접 朱子가 잘못 해석한 것으로 귀
착시키는 것이 어찌 광명하고 적절하지 않겠습니까? 왜 반드시 덮어주려고 구
차스럽게 겉으로는 붙들고 안으로는 눌러서 먼저 나의 心術을 병들게 할 것이
무엇입니까?[35]

(마)

반정균 : 小序는 원래 폐기할 수 없는 것이며, 『詩經』의 註釋을 門人의 手
         筆이 아니라고 하는 것은 朱子를 보호하려다가 도리어 朱子를 욕되
         게 하는 것이 됩니다.

---

34) 같은 책, 같은 곳. "至若小序之說 則愚亦略見之矣 其於此章 取孔子之言 點綴爲
    說 全不成文理 此則朱子辨說備矣 盖其蹈襲剽竊 强意立言 試依其言而讀之
    如嚼木頭 全無餘韻 其自欺而欺人也 亦太甚矣." 밑줄은 필자가 그었음.
35) 같은 책, 권3. "以詩註爲非成於朱子 則此其於詩義之得失 姑舍之 其文章辭理
    明白渾融 如禹之治水 行其所無事者 未知朱子以後有可以爲此者乎 且潛竊師
    名以售己書 此其惡甚於穿窬 朱門末學 大義雖乖而汚不至於穿窬也 … 如果以
    詩註爲非 則直歸之朱子之誤解 豈非光明直截乎 何必掩互苟且 陽扶陰抑 先病
    我心術耶." 밑줄은 필자가 그었음.

엄성   : 변명하신 말씀은 매우 타당하게 여기나 다만 <u>小序에 대한 것만은 감</u>
<u>히 함부로 동의할 수 없는데요</u>.[36)]

(바)

기잠이 다 써가지고 나에게 보였다. 읽어보니 이러하였다.

'<u>朱子의 詩註를 반드시 門人의 손에서 나왔다고 附會할 것이 아니라는 것도</u>
지극히 옳다. 일이란 다만 是非를 논할 것이니, "만약 朱子가 하였어도 과연
잘못 된 곳이 있으면 반드시 애써서 그 말을 감쌀 것이 아니다."라고 하고, 또
"<u>번거롭게 억지로 잘못됐다는 嘲弄을 풀기 위해서 허물을 門人에게 돌리는</u>
<u>것은 心術을 병 되게 하는 것이다.</u>"라는 말은 더욱 극히 正大해진 것이어서
마음으로 感服합니다.'[37)]

장황하게 인용한 (가)~(바)의 글은 모두 朱子의 小序 廢棄와 『詩經』
註釋에 대한 湛軒과 杭州 三士의 논의 내용이다. 朱子와 陸王 사이의
학술적 차이를 살펴야 할 대목에서 朱子의 『詩經』註釋 문제를 이처럼
冗長하게 끌어들인 것이 황당하고 그 이유가 궁금하리라 여긴다. 그것은
陸象山이나 王陽明이 『詩經』의 註釋을 해서가 아니라, 朱子를 어떻게
보는가에 따라 陸王의 새로운 敎學이 자리할 틈이 생겼다고 보기 때문
이다.

『시경』의 小序는 孔子의 弟子인 子夏가 이루어 놓은 것으로 알려져

---

36) 같은 책, 같은 곳. "蘭公曰 小序 原不可廢 若以詩注 謂非門人手筆 則欲護朱子
而反以累朱子也 力闇曰 … 辨語甚當 惟小序事 不敢苟同." 밑줄은 필자가 그
었음.
37) 같은 책, 같은 곳. "起潛書畢示之 余讀之曰 論陽明先生極是 以朱子詩註 不必附
會出自門人 亦極是 事只論是非 若朱子可作 使其果有不是 必不力護其說 且
無煩强爲解嘲 歸過門人 心術一言 尤極正大 心服心服." 밑줄은 필자가 그었음.

있다. 『詩經』의 주석에 관한 견해는 크게 세 가지로 갈라진다.

첫째, 朱子의 『詩經』 주석은 혼잡하여 그대로 따를 수 없다. 朱子가 손수 하지 않았을 가능성이 높으며, 혹은 晩年에 完整하지 못하였을 수도 있다. 子夏는 孔子의 제자이므로 孔子의 『詩經』 刪定에 어떤 형태로든 관여하였을 것이고, 그에 따라 子夏의 小序는 신빙할 만한 것이다. 漢나라 때도 小序는 인정을 받았다.

둘째, 『詩經』 주석을 朱子의 自註라고 한다면 朱子를 尊重하려다가 도리어 朱子에게 累를 끼치는 것이다. 이는 門人의 손에서 이루어졌을 것이다.

셋째, 朱子의 辨說에 따르면, 小序는 踏襲하고 剽竊하여 억지로 말을 만든 것이어서 『詩經』을 읽는데 도움이 되지 않는다. 『詩經』의 주석이 잘못되었다면 朱子 자신의 잘못으로 보아야지 門人에게 떠넘김은 옳지 않다.

첫 번째는 嚴誠의 견해다. (가)에서 朱子가 小序를 폐기한 것에 대해 몹시 불만스러워 하며, (나)에서 소서는 신빙성 있는 자료임을 강조하였다. (마)에서는 湛軒이 小序를 낮게 평가하는 것에 대해 동의할 수 없다고 하였다. 朱子에 대해서는 그 권위를 인정하는 듯하면서도 (나)에 나타나 있듯이 실상은 의구심을 가지고 있다.

두 번째는 潘庭筠의 견해다. (가)에서 『詩經』의 주석에 문제가 많음을 지적하고, 그것은 朱子의 自註가 아니라 그 門人들의 손에서 이루어졌기 때문이라고 하였다. 『詩經』의 주가 朱子의 自註라고 强辯하는 것은 朱子를 尊重하려다가 도리어 朱子에게 累를 끼치는 것이라고 하였다. (마)에서 朱子의 小序 폐기는 잘못이라고 지적하면서, 『詩經』 주석을 門人의 手筆이 아니라고 하는 것은 朱子를 保護하려다가 도리어 朱子를 辱되게 하는 것이라고 되풀이하여 강조하였다. 朱子의 권위에 대해서 절대적인 信賴를 가지고 있는 것으로 보인다.

세 번째는 湛軒의 견해다. (다)에서는 朱子의 辨說을 들어 小序의 문제점을 지적하면서 朱子의 입장을 두둔하는 듯이 보인다. 그러나 (라)에서는 『詩經』의 주석이 잘못되었다면 그것은 朱子 자신의 잘못으로 歸着시켜야 옳지, 그 때문에 門人들이 스승의 이름을 내걸고 제멋대로 주석을 하였다고 볼 수는 없다고 하였다. 朱子도 잘못된 주석을 할 수가 있으며, 제 아무리 권위가 있는 인물일지라도 잘못된 것은 잘못되었다고 말하는 것이 올바른 학문을 하는 자세라는 생각이 엿보인다.

陸飛의 경우는 (가)에서 朱子가 자신의 의견만 옳다는 獨善으로 小序를 폐하였다고 비판하면서도, 그 사실만으로 朱子의 輕重을 평가할 수는 없다고 하였다. 또한 朱子의 주석이 많다 보니 그 가운데는 門人들의 손에서 나온 것도 없지 않을 것이라고 하였다. 그러다가 湛軒의 견해를 들은 뒤 (바)에서는 修訂한 見解를 내놓았다. 즉, 朱子의 詩註를 門人의 손에서 나왔다고 附會할 것은 아니며, 朱子가 한 일이라도 잘못된 곳이 있으면 애써 감쌀 일이 아니라고 하였다. 湛軒과 全的으로 의견을 같이 하게 되었음이 확인된다.

네 사람의 주자에 대한 이러한 견해의 차이는 朱子와 陸王의 학문상의 차이를 논하는 데에도 대체로 유사하게 나타나는 것을 볼 수 있다. 다음의 자료는 2월 3일 湛軒이 金在行과 乾淨衕으로 嚴誠과 潘庭筠을

처음 찾아가 인사를 나눈 뒤 筆談으로 이런저런 이야기를 주고받다가
朱子와 陸王에 관한 話題를 꺼냈을 때의 것이다.

홍대용 : 貴處의 학자들은 어느 분을 따르는지요?

반정균 : 모두 朱子를 높입니다.

홍대용 : 王陽明을 따르는 자도 있는지요?

반정균 : 王陽明은 大儒로서 孔廟에 배향되었습니다. 특히 그 良知를 講함
이 朱子와 다르므로 학자들이 宗主로 삼지 않고 간간이 한두 사람이
따르고 있으나 그다지 현저하지는 않답니다.

홍대용 : 王陽明은 間世의 호걸이고, 문장사업이 실로 前朝의 巨擘입니다.
다만 그 門路는 진실로 蘭公의 말과 같지요.

엄성　 : 貴處에서도 陸象山을 배척합니까?

홍대용 : 그렇소

엄성　 : 陸子靜은 타고난 資質이 매우 높고, 王陽明은 功이 천하를 덮으
니, 곧 講學하지 않아도 또 그 큰 인물이 됨에 장애가 되지 않지요.
朱子와 陸王에 본래 다름이 없는데 학자들이 스스로 분별을 만든 것
이지요. 또 길은 달라도 돌아가는 곳은 같습니다.

홍대용 : '돌아가는 곳이 같다'라는 말은 감히 그대로 받아들일 수 없네요.

김재행 : 功이 비록 천하를 덮어도 良知論을 創案해낸 것이 朱子와 다르지
요.

반정균 : 事業은 모름지기 誠意와 正心에서부터 해야 하는 것이니, 陽明의
格物致知가 오히려 餘憾이 있을 뿐입니다.

홍대용 : 陽明의 學이 진실로 餘憾이 있으나, 다만 후세의 記誦의 學에 비
하면 어찌 하늘과 땅의 차이가 아니겠소?

반정균 : ('하늘과 땅의 차이가 아니겠는개[豈非霄壤]'란 말에 圈點을 치면

서) 극히 좋습니다. 지금의 讀書는 記誦에 지나지 않을 뿐입니다. 그
러나 天下에 聖賢의 學問에 潛心하는 자가 없지 않으니, 俗儒로
서 일률적으로 말할 것이 아니지요.

김재행 : 宗旨의 방향이 다르면 도리어 記誦만 같지 못하지요.

엄성은 미소를 지을 뿐이었다. 대개 그는 평소에 배운 바가 陸王에 자못 깊었
던 까닭이다.[38]

湛軒이 학자들이 추종하는 인물이 누구인가를 물었을 때, 潘庭筠이
먼저 나서서 모두 朱子를 尊崇하고 있다고 대답하였다. 湛軒이 王陽明
에 대해 말을 꺼내자 潘庭筠은 孔廟에 配享된 大儒임을 인정하면서도
학설이 달라 추종자가 별반 없다고 하였다. 그때 嚴誠이 나서며 朝鮮에
서도 陸象山을 異端으로 배척하느냐고 물었다. 그렇다고 하자 嚴誠은
陸王에 대해 두둔하는 발언을 하였고, 湛軒과 金在行, 潘庭筠 등이 동
의할 수 없다는 뜻을 밝혔다.

湛軒이 말을 돌려 陸王學이 문제는 있으나 후대의 記誦學과는 天壤
의 差가 있다고 하자, 潘庭筠은 記誦이 대세이기는 하나 聖賢의 學問
에 潛心하는 사람도 없지 않다고 하였고, 金在行은 異端의 學說은 記

---

38) 같은 책, 권2. "余曰 貴處學者遵何人 蘭公曰 皆尊朱子 余曰 遵陽明者亦有之乎
蘭公曰 陽明大儒 配享孔廟 特其講良知與朱子異 故學者勿宗 間有一二人 亦
不甚著 余曰 陽明間世豪傑之士也 文章事業 實爲前朝巨擘 但其門路誠如蘭公
之言 力闇曰 貴處亦闢陸耶 余曰然 力闇曰 陸子靜天資甚高 陽明功盖天下 卽
不講學 亦不碍其爲大人物也 朱陸本無異同 學者自生分別耳 又曰 殊塗同歸
余曰 同歸之說 不敢聞命 平仲曰 功雖盖天下 良知之刱論 與朱岐異 蘭公曰 事
業須從誠意正心做來 陽明格物致知 尙有餘憾耳 余曰 陽明之學 盡有餘憾 但
比諸後世記誦之學 豈非霄壤乎 蘭公卽打圈于豈非霄壤四字曰極好 又曰 此時
讀書 不過記誦而已 然天下儘有潛心聖賢之學者 非俗儒之槩例也 平仲曰 宗旨
異致則反不如記誦矣 力闇微笑而已 盖其平日所學於王陸頗深也."

誦만도 못하다고 못을 박았다. 陸王을 異端으로 보는 분위기로 돌아가 자 嚴誠은 그저 미소를 짓기만 하고 말이 없었다는 것이다.

> 陽明이 朱子와 다른 곳은 格物致知에 있습니다. … 저는 일찍이 논하기를, '눈은 천하의 색깔을 볼 수 있는 것이지만 紅色과 紫色이 혹시라도 正色을 어지럽힌다면 이미 그 視覺을 잃은 것이요, 귀는 천하의 소리를 들을 수 있는 것이지만 鄭聲이 혹시라도 雅樂을 어지럽힌다면 이미 그 聽覺을 잃은 것이요, 입은 천하의 맛을 알 수 있는 것이지만 邪鷹한 맛이 혹시라도 大羹을 어지럽힌다면 이미 그 味覺을 잃은 것이다.'라고 하였습니다.
>
> 비록 어떤 한 가지 節行이 있는 선비가 간혹 생각하지 않고서 얻는 것이 있다 하더라도 배워서 알아가고 힘써서 행하는 부류에 있어서는 賢明한 先覺者에게 나아가 質正하지 않을 수 없는 것이니, 窮理를 빠뜨릴 수 없는 것이 이 까닭입니다.39)

인용 부분은 湛軒이 귀국한 뒤 陸飛에게 보낸 서신의 일부다. 湛軒은 陸王이 인간의 本心이나 良知에만 뜻을 기울이는 데 대해 朱子는 窮理와 講學을 통해 道에 이를 수 있다고 하면서, "지금 陽明의 의견은, 마치 明은 오직 눈에서만 구해야 할 것이니 눈만 밝으면 천하의 색채는 보기 어렵지 않다는 것이요, 聰은 오직 귀에서만 구해야 할 것이니 귀만 밝으면 천하의 소리는 듣기 어렵지 않다는 것이요, 멋은 오직 입에서만 구해야 할 것이니 입만 分辨할 줄 알면 천하의 맛은 알기 어렵지 않은

---

39) 같은 책, 권1. 「與篠飮書」. "陽明之背朱子 大要在於格物致知 … 竊嘗論之 目足以見天下之色 而紅紫或亂正色 則已失其明矣 耳足以聽天下之聲 而鄭聲或亂雅樂 則已失其聰矣 口足以嘗天下之味 而邪味或亂大羹 則已失其辨矣 雖其一節之士或有不思而得者 而學知勉行之類 不能不就正於先覺之賢而窮理之所以不可闕者也."

것이라고 하는 것과 같다."40)고 하고, 누구나 눈으로 보고 귀로 듣고 입으로 맛을 볼 수 있으나, 明은 눈이 밝기로 이름난 離婁만 같지 못하고, 聰은 소리를 잘 듣기로 이름난 師曠만 같지 못하며, 맛은 미각으로 이름난 易牙만 같지 못한 것이므로, 선각자를 찾아 강학을 하고 궁리를 해야 한다고 하였다.41)

담헌은 주자와 육왕을 견주어 보면서 육왕이 양지의 심학에 흘러 궁리와 강학을 소홀히 하는 점을 비판하면서도 국내에 있을 때와는 달리 육왕에 대해서도 다시금 꼼꼼히 살펴볼 수 있는 계기를 가졌던 듯하다. 이를 발판으로 주자학에 대해서도 객관적인 입장에서 냉정하게 바라보는 시각을 갖추게 된 것으로 보인다. 「건정록후어」에서 기술한 다음의 글에서 그러한 사정을 엿볼 수 있다.

> 동방 유학자들의 주자 숭봉은 실로 중국 사람들이 따라올 수 있는 바가 아니다. 그러나 다만 존숭하여 받드는 것이 귀한 줄만 알고, 그 경의의 의심스럽고 논란되는 점에 대해서는 그저 부화뇌동하여 한결같이 엄호하기만 하고 남의 입을 막으려고만 하니, 이는 향원의 마음으로 주자를 바라보는 것이다. 내 이를 일찍이 병통으로 여겼더니 절강 사람들이 논하는 것을 들어본 즉 그들이 지나치기는 지나쳤지만 동방 사람들의 고루한 습성은 깨끗이 씻어버렸으므로 실로 사람의 가슴을 시원하게 하였다.42)

---

40) 같은 글. "今陽明之意 若曰惟求明於目 目旣明則天下之色不難見也 惟求聰於耳 耳旣聰則天下之聲不難聽也 惟求辨於口 口旣辨則天下之味不難嘗也."
41) 같은 글. "是以目雖有見而常人之明 不如離婁 耳雖有聽而常人之聰 不如師曠 口雖有嘗而常人之辨 不如易牙 是乃先覺之所獨得而窮理之所以貴也."
42) 같은 책, 권3. 「乾淨錄後語」. "東儒之崇奉朱子 實非中國之所及 雖然 惟知崇奉之爲貴 而其於經義之可疑可議 望風雷同 一味掩護 思以箝一世之口焉 是以鄕原之心望朱子也 余竊嘗病之 及聞浙人之論 亦其過則過矣 惟一洗東人之陋習

朱子說만이 斯文의 正統이고, 餘他의 辨說은 모두 斯文亂賊으로 異端視하였던 당시에 湛軒의 이러한 주장은 破天荒的인 것이라고 아니할 수 없다. '일찍이 병통으로 여겼다.'는 말에서 湛軒이 劃一的인 朱子主義에 대해서 燕行을 하기 전부터 의심을 품어 온 것은 알 수 있으나 杭州 三士와의 만남 등 燕行 以後에 그러한 생각이 확고하게 자리한 것만은 틀림없는 사실인 듯하다. 이는 분명 18세기 韓中 文人 사이의 知識疏通의 결과라고 할 수 있을 것이다.

4.3. 進退·消長의 機微

여기서의 進退와 다음 절에서 다룰 出處는 기실 같은 말이다. 같은 말임에도 연암이 각기 따로 쓴 것은 그 다음에 오는 말과의 관계 때문인 듯하다. 여기서의 消長은 '쇠하여 사라짐과 성하여 자라감'의 의미다. 다음 절에서 다룰 榮辱은 '榮華와 恥辱'의 의미다. 消長과 榮辱을 굳이 변별하여 정의하자면, 消長은 榮辱에 비해 한층 국가적인 층위의 문제라고 볼 수 있고, 반면에 榮辱은 消長에 비해 한층 개인적인 층위의 문제라고 볼 수 있겠다. 機微 또한 시대의 변화나 국가의 존망 등 사회적 층위의 변동에 대한 낌새의 의미로 대개 쓰인다면, 分數는 개개인의 신분이나 조건에 맞는 한도를 뜻하는 개인적 층위의 말로 주로 쓰인다.

따라서 여기서는 個人의 進退가 國家나 社會의 消長과 관련되는 자료를 통해 湛軒과 中國 文士들 사이의 疏通樣相을 살펴보고자 한다. 湛軒이 乾淨衕에서 嚴誠·潘庭筠 등과 2월 17일 네 번째 會同하였을

則令人胸次灑然也."

때 주고받은 필담의 한 토막을 보기로 하자.

홍대용 : 錢牧齋는 어떤 사람이오?

반정균 : 이 분은 별호를 浪子라고 하는데, 참으로 知己지요.

홍대용 : 낭자는 機微를 알고 몸을 깨끗이 하고 벼슬을 사양한 뒤 멀리 떠나갔
　　　　는데, 목재는 아마 그렇게까지는 못했을 듯하오.

반정균 : 젊어서 黨의 領袖가 되고 말년에는 항복한 신하가 되었지요. 문장으
　　　　로 세상에 이름이 났었는데, 나라로 봐서는 아까운 사람이지요.

엄성　 : 그가 일찍 죽었더라면 오늘날 그를 헐뜯을 사람도 없을 텐데….

반정균 : 명성과 덕망은 드러내지도 못하고 古稀를 넘기는 長壽를 하였지요.

엄성　 : 목재의 인품은 말할 게 없어요.

홍대용 : 아마도 고상해 지는 게 싫어 타락한 사람이로군요.

엄성이 고개를 끄덕였다.

(중략)

엄성　 : 인품의 바르고 바르지 못함은 일찍이 정해진 것이고, 목재의 잘못된
　　　　행실은 그가 낭자가 되면서부터 이미 예정되어 있었던 것이지요. 枚
　　　　卜을 다툰 것만 하더라도 어찌 올바른 사람에게 있을 수 있는 일입니
　　　　까?

홍대용 : 매복을 다툰 일에 대해서는 일찍이 듣지 못했는데, 그 더러움이 거기
　　　　까지 이를 줄은 몰랐었소.43)

---

43) 같은 책, 권2. "余曰 錢牧齋何如人 蘭公曰 此公雅綽曰浪子 此眞知己 余曰 浪子
　　知幾潔身 辭爵祿而遠引 恐牧齋少此一着 蘭公曰 少年爲黨魁 末路乃爲降臣
　　文章名世 要是國家可惜人 力闇曰 使其早死 今人亦無訾之者 蘭公曰 名德不
　　昌 乃有頤期之壽 力闇曰 牧齋人品無可言 余曰 恐是反上落下之人 力闇頷之
　　… 力闇曰 人品之正不正 定之於早 牧齋之敗行 自其爲浪子而已預決之矣 卽
　　爭枚卜 豈正人所有耶 余曰 爭枚卜一事 曾未聞之 不意其汚下之至此也."

錢牧齋라는 인물을 두고 湛軒이 嚴誠·潘庭筠 등 杭州 선비들과 필담을 나누고 있다. 전목재의 본명은 錢謙益(1582-1664)으로 목재는 그의 호다. 明末淸初의 정치가이자 시인으로, 明나라가 망한 뒤에 淸朝에 항복하여 벼슬을 했던 인물이다.

湛軒이 그에 대해 묻자 潘庭筠은 牧齋의 浪子라는 別號를 소개하면서 '知己'라고 평가를 내렸다. 낭자는 <水滸傳>에 등장하는 36天罡 가운데 天巧星의 화신인 燕靑을 가리킨다. 연청은 方臘의 亂을 진압한 뒤 송나라 조정에서 벼슬을 주겠다는 제의하였을 때 이를 거절하고 떠나간 인물이다. 潘庭筠이 목재의 별호를 소개하면서 知己라고 한 말에는 비꼬는 뜻이 담겨 있다.

浪子는 연청의 별호이기도 하였지만 본디 '淺薄하여 일정한 의견이 없는 사람'을 가리키는 말이기도 하다. 潘庭筠의 '知己'라는 말의 뜻도 일반적으로 쓰이는 '자기의 속마음을 지극하고 참되게 알아주는 사람'의 뜻으로 썼다기보다는 '스스로를 안다'는 의미로 썼을 것이다. 그래서 湛軒이 연청의 옛일을 들어 목재가 그렇게는 못하였을 것이라고 하자, 初心을 달리한 降臣이 되어 나라의 입장에서 볼 때 아까운 사람이라고 말한 것이다.

嚴誠은 목재의 잘못된 처신이 降臣이 된 데서 한 걸음 더 나아가 枚卜을 하기에 이르렀다고 지적하였다. 枚卜은 中國 古代 帝王들이 宰相을 임명할 때 후보자 명단에 손수 落點을 하지 않고 하늘에 기도하여 占을 쳐서 선발하는 방법을 뜻하였는데, 단순히 고위 관직의 임명을 뜻하기도 하였다. 따라서 목재는 變節을 하였을 뿐만 아니라 淸朝에 벼슬하면서 고위 관직에 오르기 위해 다툼을 벌이기도 하였으므로, 湛軒은 더러움이 거기에까지 이를 줄은 몰랐다고 한 것이다.

목재의 變節과 淸朝에서의 仕宦, 枚卜 등은 그 개인의 進退에 관한 문제이기도 하지만 明淸 交替期의 王朝의 消長과도 밀접한 관련을 가지고 있다. 그러한 機微에 대해 湛軒과 杭州 兩士는 다같이 목재를 두둔하는 입장이 아니라 비판적인 입장에 서 있었음을 확인할 수 있다.

엄성　　: 周延儒가 장원이 아닌가?

홍대용 : 그가 누구지요?

엄성　　: 明나라 말의 大奸臣입니다.

반정균 : 周延儒와 魏德藻는 모두 장원인데, 周延儒는 大奸臣으로 明朝의 國事를 무너뜨렸고, 魏德藻는 李自成에게 항복하여 형을 받았으니, 모두 장원 중의 도적들이지요. 羅洪先도 장원인데 20년 동안 道를 배워 겨우 胸中에서 壯元 두 글자를 지워버렸지요.

홍대용 : 近思하고 內省하는 말이오. 이 한 마디로 그 분의 어짊을 알 수 있겠소.

반정균 : 羅洪先은 明나라의 巨儒로 孔廟에 받들어 제사를 지낸답니다.[44]

역시 2월 17일, 淸朝의 科擧制度와 唱榜 후의 風習에 대해 필담을 나누던 끝에 나온 내용이다. 明나라 末期에 과거에 壯元으로 급제한 세 사람의 행적에 대해 각자의 생각을 피력하는 가운데 進退와 消長의 문제가 관련되어 있다.

---

44) 같은 곳. "力闇又曰 周延儒非狀元耶 余曰 此誰耶 力闇曰 明末大奸臣 蘭公曰 周延儒魏德藻皆狀元 而周延儒以大奸臣 壞明國事 魏德藻降李自成而被刑 皆狀元中匪類也 又曰 羅洪先亦狀元 二十年學道 纔胸中忘去狀元二字 余曰 近思內省之語 卽此一語 其人之賢可知也 蘭公曰 此明大儒 崇祀孔廟."

이 세 인물에 대해서는 燕巖의 『熱河日記』 「馹汛隨筆」에도 언급이 되어 있다. 乾隆 45년(1780) 7월 21일, 燕巖이 불어난 강물에 막혀 東關驛에 머물면서 만난 祝老人이 베끼고 있던 글에서 본 내용이 그것이다. 이에 의하면, 周延儒는 直隷 출신으로 萬曆 癸丑年(1613) 과거에 장원하였고, 魏德藻[45)]는 通州 출신으로 崇禎 庚辰年(1640)에 장원하였으며, 羅洪先은 吉水 출신으로 嘉靖 己丑年(1529)에 장원하였다.[46)]

요컨대, 羅洪先은 明消淸長의 機微를 알아 退를 결단하고 道學에 전념함으로써 孔廟에 祭享되기에 이르렀으나, 周延儒와 魏德藻는 그러한 機微를 알아채지 못하고 있다가 마침내 國事를 무너뜨리고 亡國을 自招한 醜한 자취를 남기게 되었다는 것이다. 여기서도 湛軒을 비롯한 杭州 兩士間의 의견이 일치함을 볼 수 있다.

羅洪先처럼 明消淸長의 機微를 알아 退를 결단하고 道學에 전념한 사례는 嚴誠·潘庭筠과 同鄉인 인물 가운데도 있었다. 湛軒이 乾淨衕에서 嚴誠·潘庭筠 등과 2월 3일 처음으로 會同하였을 때 주고받은 필담의 한 토막을 보기로 하자.

홍대용 : 청컨대, 西林선생의 덕행에 대해 대략 말씀해 주십시오.

반정균 : 은거하여 수도하면서 일이 없이는 城府에 들지 않지요. 顯達한 벼슬

---

45) 「馹汛隨筆」에는 魏藻德이라고 기록하였으나 「謁聖退述」에 실려 있는 「明朝進士題名碑」에는 魏德藻로 기록되어 있다. 「馹汛隨筆」의 착오는 아마도 燕巖이 祝老人이 쓴 것을 그대로 베낀 데서 온 것이 아닌가 생각한다.

46) 朴趾源, 『燕巖集』 권12 別集, 『熱河日記』, 「馹汛隨筆」. "其所抄 有羅洪先吉水人 明嘉靖己丑科壯元 周延儒直隷人 萬曆癸丑科壯元 魏藻德通州人 崇禎庚辰科壯元 延儒大壞明室 藻德降賊被殺 而羅從祀孔子 二十年 學道之功 纔於胷中忘去壯元二字云."

아치로 만나려는 자가 있으면 반드시 峻節히 거절한답니다. 어떤 이가 侍郎으로 있는 雷鉉과 通政官인 錢維城과 함께 모두 먼저 대문 앞에 나아가 著書를 구경하려고 해도 마침내 구경할 수 없었지요. 우리 마을의 선배 가운데 고상한 선비로 徐介·汪諷·王曾祥 같은 이들이 있는데, 역시 모두 時俗을 따르지 않고 능히 스스로 우뚝하여 不朽한 사람들입니다. 徐介와 汪諷은 벼슬한 일이 없는 선비로서 王朝가 바뀐 뒤에 세상을 피하여 벼슬하지 않았고, 王秀才는 30여 세에 과거 보는 일을 접고 응시하지 않았답니다. 그들의 문장과 인품이 우뚝하여 전할 만하지요.47)

西林선생은 杭州의 高士인 吳潁芳을 가리킨다. 嚴誠의 형인 九峯 嚴果와 친밀하게 왕래하였다고 한다. 吳潁芳에 대한 기록은 『熱河日記』의 「粟齋筆談」과 「傾蓋錄」에도 보인다. 「粟齋筆談」에서는 燕巖이 杭州 사람 吳復을 만나 동향이므로 아는 사람이 아닐까 하여 물었었고, 「傾蓋錄」에서는 廣東按察使인 汪新을 만났을 때 西林의 안부를 묻는 대목이 보인다. 吳潁芳뿐만 아니라 徐介·汪諷·王曾祥 등 杭州의 高士들도 모두 周延儒나 魏德藻와는 달리 王朝消長의 機微를 엿보고 退를 결단하여 아름다운 이름을 남기게 되었다는 것이다.

---

47) 洪大容, 앞의 책, 外集 권2. "請問西林先生德行之大略 蘭公曰 隱居修道 無事不入城府 有達官來見者 必峻拒之 一人與侍郎雷鉉通政官錢維城 皆先造門 求觀著書而終不得 吾鄉前輩高尚之士 如徐介汪渢王曾祥數人 亦皆不隨流俗 能自卓然不朽者也 徐汪二人 布衣革鼎後避世不仕 王秀才三十餘 卽棄擧子業不應試 文章人品 卓然可傳."

4.4. 出處·榮辱의 分數

여기서는 앞 절에서 밝힌 대로 個人의 出處가 個人의 榮華나 恥辱과 관련되는 자료를 통해 湛軒과 中國 文士들 사이의 疏通樣相을 살펴보고자 한다. 湛軒이 乾淨衕에서 嚴誠·潘庭筠 등과 2월 3일과 4일 두 차례 會同한 뒤 주고받은 서신의 한 토막을 보기로 하자.

> 저의 師門은 淸陰선생의 玄孫이고, 나이는 65세이며, 遺逸로 현재 國子祭酒를 맡고 계십니다. 임금이 자주 불러도 나가 벼슬하지 않고 閑居하며 가르침을 베푸니, 배우는 자들이 높여 渼湖선생이라 합니다. …
>
> 蘭公의 편지에 이르되, … 조금 전에 손수 보내주신 편지를 읽고, 더욱 足下께서 古雅하여 속됨에서 벗어나 구차스럽게 立身하기를 구하지 않고, 뜻한 바가 매우 커서 중국의 陶靖節이나 林和靖과 같아 千古에 몇 사람에 불과함을 보았습니다. 그 高風과 逸致에 존경함을 더욱 마지못합니다. 또 令師의 梗槪를 보니 족히 淵源이 있음을 알겠으며, 孔顔의 樂과 彷佛하다고 생각합니다. 더욱 사람으로 하여금 멀리 우러러 思慕함을 금할 수 없게 합니다.48)

앞부분은 湛軒이 嚴誠과 潘庭筠에게 보낸 書信의 일부고, 뒷부분은 潘庭筠이 湛軒에게 보낸 回答의 일부다. 湛軒은 자신의 스승인 渼湖 金元行이 淸節로 중국에까지 널리 알려진 淸陰 金尙憲의 玄孫이며, 임

---

48) 같은 곳. "弟之師門 是淸陰玄孫 而年六十五 以遺逸見任國子祭酒 而累徵不起 閒居教授 學者宗之爲渼湖先生 … 蘭公書曰 … 頃讀手教 益見足下高雅拔俗 立身不苟 志願甚大 如中國之陶淸節林和靖 千古不過數人 高風逸致 起敬彌甚 又示以令師大人先生之梗槩 足見淵源有自 孔顔之樂 髣髴可思 尤令人翹首雲際 極不能忘耳."

금의 잦은 부름에도 불구하고 閑居하며 敎授하는 것을 자랑스럽게 말하고 있다. 出仕하는 것보다는 處士로서 지내는 것이 선비로서 恥辱을 벗어나 榮華로운 길이라는 생각이 드러나 있다.

이에 대한 潘庭筠의 反應 또한 湛軒의 생각과 일치하는 것으로 보인다. 苟且스럽게 立身하지 않으려는 湛軒을 陶潛이나 林逋와 견주어 칭송하고, 淸陰의 家門이라는 淵源이 있는 渼湖先生은 孔子와 顔淵의 安貧樂道를 실천하는 인물이어서 思慕한다고 하였다. 湛軒이나 潘庭筠 모두 벼슬길의 顯達을 榮華로 여기지 않고, 오히려 閑居나 安貧樂道함을 榮華로 여기고 있음을 볼 수 있다.

홍대용	: 두 분의 과거 기일이 머지않아서 응시 준비에 바쁘실 텐데 오래 앉아 번요하게 폐를 끼쳐 미안합니다.
엄성·반정균	: 그렇지 않습니다. 우리가 여기에 왔지만 본래 과거에 마음을 쓰진 않습니다.
홍대용	: 그러면 과거에 급제하려 하지 않는단 말인가요?
엄성	: 하려고야 하지만 天命에 맡길 뿐입니다. 저희들은 名利에 專心하는 사람이 아닙니다.[49]

인용한 대목은 2월 3일 湛軒이 처음 乾淨衕으로 杭州 士人들을 찾아가서 나눈 筆談의 일부다. 여러 가지 생각나는 대로 문답을 나누다가 너무 오랜 동안 시간을 빼앗았다는 생각이 든 湛軒이 결례를 사과한 데

---

49) 같은 곳. "又曰 諸公科期不遠 當會心學業 久坐煩擾 恐不安 皆揮手曰 不然 吾輩到此 本不用心於此 余曰 然則不要登試乎 力闇曰 要自要的 但聽天命 且曰 鄙等不是專意於名利者."

대해 嚴誠 등 두 사람의 반응이 나타나 있다. 두 사람이 과거를 보기 위해 燕京에 와 있기는 하지만 과거를 통해 名利를 구하고자 하는 것은 아니라는 얘기다. 이러한 반응의 바탕에는 반드시 出하는 것만이 榮華로운 것이 아니라는 생각이 깔려 있다. 이에 대한 湛軒의 반응은 다음의 書信 내용에 나타나 있다.

> 과거에 급제하고 못하는 것은 비록 정해진 천명이 있으나 전심하여 집중하지 않으면 잘 되지 못합니다. 이제 과거 날짜가 머지않으니 마땅히 정신을 집중하고 마음을 가라앉혔다가 때를 기다려 움직여야 하는데, 문득 뜻밖의 요란스러움으로 응수하느라 밖에서 번거롭게 하고 마음 쓰느라 안에서도 어지럽게 해 드렸으니 또한 민망하지 않겠습니까? 다만 과거에 급제하여 벼슬하는 영광이 형들의 능사가 되기에는 부족하고, 이 아우의 형들에 대한 바람 또한 이에 있지 않습니다. 비록 그러나 양친의 기대와 집안의 생계를 위해 수천 리를 跋涉한 목적이 있으니, 또한 가히 작은 일이라 할 수 없습니다. 행여 잘 판단하여 가리시기 바랍니다.[50]

2월 3일과 4일, 두 번의 만남 뒤인 6일 湛軒이 嚴誠 등에게 보낸 서신의 일부다. 여기서도 湛軒 일행이 과거를 보러 온 嚴誠 등을 일방적으로 찾아가 방해한 데 대해 사과의 뜻을 표하고, 이어서 嚴誠 등에게 있어서 과거하여 벼슬하는 것이 전부가 될 수 없으며, 湛軒의 그들에 대한 기대 또한 거기에 있지 않음을 밝힌 글이다. 出處의 문제에 대해 湛軒 자신

---

50) 같은 곳. "且科場得失 雖有定命 不專心致志則未能也 今會圍不遠 政宜會神潛養 待時而動也 忽此意外撓攘 應酬煩於外 意緒亂於中 不亦可悶乎 顧科宦之榮 不足爲兄輩之能事 弟之期望於兄輩者 亦不在此也 雖然 親庭之望 門戶之計 數千里跋涉 準的在此 亦不可謂小事也 幸賜裁擇焉."

의 입장에서 주장을 편 것이 2월 24일 陸飛에게 보낸 다음의 서신 내
용이다.

> 저로 하여금 科擧에 及第하고 榮華의 길을 밟아 術客의 말과 같이 되었
> 더라면, 저 名利의 마당과 仕宦의 바다 사이에서 떴다 가라앉았다 했을 것이
> 니, 이는 可憐한 일이지 어찌 크게 기뻐할 일이 되겠습니까? 이제야 어제의
> 통쾌하고 즐거웠던 일이 이른바 奇禍를 액막이한 것인 줄을 알겠습니다. 이른
> 바 科擧에 及第한다 榮華로운 길이다 하는 것이 이제부터는 물고기가 江湖
> 에 노닐며 서로 잊어버리듯 할 것입니다.51)

여기서 말한 '術客의 말'이라는 것은, 이 글을 쓰기 10년 전 湛軒이
한 術客을 만났는데 丙戌年이 되면 크게 亨通하여 科擧에 壯元해서 크
게 榮貴하게 될 것이라고 예언한 것을 말한다. 湛軒이 자신은 벼슬길에
執着이 없으며 그렇게 되기에는 자신의 능력이나 성격에 맞지 않는다고
하자, 술객은 運命을 받아들이지 않으면 奇禍가 닥치거나 크게 기쁜 일
이 생길 것이라고 하였다.

그 뒤 병술년이 되어 과거에 급제하는 대신 중국 땅을 밟게 되어 그것
이 기쁜 일이라고 여기다가 압록강을 건넌 뒤로 만나는 것이 모두 험악
한 산천과 환경, 용렬한 인물뿐이어서, 이것이 바로 術客이 말한 奇禍가
아닌가 여기기도 하였다는 것이다. 그러다가 燕京에서 陸飛와 嚴誠 등
을 만나 肝膽을 헤치고 眞情을 吐露하며 親交를 맺게 되자, 다시 이것

---

51) 같은 책, 권3. "使我登科甲踐榮道 果如術者之言 其頭出頭沒於名場宦海之間
　　是亦可哀也已 曷足爲大快樂事耶 乃知昨日之事 快哉樂哉 所謂奇禍 此可以禳
　　之矣 所謂科甲 所謂榮道 從此而可以魚相忘於江湖矣."

이 術客이 말한 큰 기쁨이라고 생각하게 되었다고 하였다. 이 마당에 出하여 科宦이니 榮道니 하는 것은 아랑곳할 겨를이 없다는 것이다.[52] 그렇다면 이들이 出하지 않고 處하여 科宦이나 榮道를 대신해서 찾을 수 있는 보람은 무엇일까? 湛軒의 생각을 들어보자.

과거에 실패한 것은 모두가 운수에 매인 것이어서, 비록 어버이를 영화롭게 하는 지방 관원으로 임용되는 계획에는 혹시 한때의 실망을 면하지 못할지라도 賢弟의 雅量과 達觀으로 마음속에 근심은 없을 줄로 압니다. 또한 친구인 제가 기대하는 뜻은 과거와 벼슬 밖에 있었으니, 慰勞의 말보다는 오히려 祝賀를 드려야겠습니다. 江湖自然의 즐거움은 金冠朝服의 榮華로움을 잊을 수 있는 것이고, 德義의 배부름은 膏粱珍味의 맛을 당해낼 수 있는 것이며, 아름다운 所聞과 드넓은 名譽가 어버이를 千古에 빛나게 해드릴 것입니다. 三牲之供과 專城之養이 무슨 소용이 있겠습니까? 편지에 濂洛의 글을 潛心해 본다고 하였는데, 이것이 바로 그 德義의 근본이 되고 아름다운 명예의 바탕이 되는 것입니다. 과거에 불리했던 것은 하늘이 곤란과 고통을 더 겪게 하여 장차 賢弟에게 큰 임무를 내리려는 것입니다. 이것이 바로 제가 축하를 드리는 까닭입니다. 賢弟의 생각은 어떤지 모르겠군요.[53]

---

52) 같은 글. "容十年前遇爲筭命術者 以爲鄙運於丙戌乃大亨 當登科甲踐榮途 某云 余才拙矣 業疎矣 且骯髒抹搬 不堪隨世俯仰 科甲榮途 非余志也 術者言運者天之命也 不受命 必有奇禍以反之 不然 有大快樂事 亦可以當之 某雖諾諾而殊不以爲信然 及其隨貢使入中國也 忽思術者言大快樂事者 非虛語也 乃渡江以西 山川矗厲 風沙接天 酒市飯店 人物庸蠢 且數千里馳驅之勞 滿目悲酸 如醉如噎 則反負心失圖 以爲術者所謂奇禍者或可以當之 及其遭逢二兄 披肝瀝膓 訂交丁寧 則所謂奇禍者 復變爲快樂 以爲左道小技 亦或有可觀者焉."

53) 같은 책, 권1. 「與鐵橋書」. "會圍見屈 摠關命數 雖榮親奉檄之計 或不免一時之缺望 而在賢弟雅量達觀 應不足以戚戚于心也 且故人期望之意 乃在於科宦之外 則不惟不以爲唁 且將以爲賀也 湖山之樂 可以忘金紫之榮 德義之飽 可以當膏粱之味 令聞廣譽顯父母於千古 則又焉用三牲之拱專城之養哉 承諭以究

이 글은 湛軒이 귀국한 뒤 嚴誠에게 세 번째 보낸 書信의 일부다. 嚴誠이 과거에 실패한 소식을 듣고 그것을 위로하기보다는 오히려 학문에 전념할 것을 勸勉하는 내용이다. 金冠朝服·膏粱珍味·三牲之供·專城之養 등은 出仕에 따른 榮華라고 할 수 있다. 그러나 이들은 지속적인 영화가 될 수 없고 자칫 恥辱으로 다가올 수도 있다. 그런 까닭에 湛軒은 江湖自然의 즐거움이나 德義의 배부름을 통한 아름다운 所聞과 드넓은 名譽가 이들보다 더욱 榮華로운 것이 될 수 있다고 한 것이다. 湛軒에게 있어서 德義를 배부르게 하는 일은 이를테면 濂洛에 潛心하는 것이다. 즉, 天人性命을 窮究하는 學問에 專念하는 길이 가장 榮華로운 길이라는 생각이 깔려 있다.

5. 마무리

지금까지의 論議를 要約하며 마무리를 짓고자 한다.

燕巖 朴趾源은 「會友錄序」에서 湛軒과 杭州 文士 三人의 만나 結義兄弟하고 筆談한 이야기에 대해 '「天命과 人性의 根源」, 「朱子와 陸象山의 學術의 區分」, 「進退·消長의 機微」, 「出處·榮辱의 分數」' 같은 것에 대해 討論하였다고 하였다.

이 글에서는 燕巖의 구분에 따라 湛軒과 杭州 文士들 사이의 知識疏通이 어떻게 이루어졌는가를 살펴보았다. 이를 위해 「乾淨衕筆談」 등

心於濂洛之書 此其爲德義之本而令譽之基矣 公車之失利 其天之困苦之增益之 將以降大任於斯也 此容之所以爲賀也 未知盛意以爲如何."

筆談 資料와 「杭傳尺牘」 등 書簡 資料를 함께 檢討하였다.

湛軒과 杭州의 三士들은 대체로 性命을 人間의 本性이라는 측면에서 파악하고 있다는 공통점이 있다. 특히 湛軒은 性命을 구분하여 實德이 나에게 있는 것을 性이라 하고, 이름이 남에게서 이루어지는 것을 命이라고 하였다. 이는 孟子의 思想과 다름이 없어 보인다.

孟子는 性과 命이 본래 하나로서 天이 나에게 주었다고 보면 命이 되고, 내가 받았다고 보면 性이 되는 것이라고 보았다. 그러므로 性은 인간의 本性으로서 인간이 인간으로 존재할 수 있는 存在原理가 되며, 命은 運命의 의미와 함께 인간의 主體的 自覺을 통해 使命으로 생각되는 것이다.

天命과 人性의 根源에 대한 論議는 朱子의 學說과 陸王의 學說 比較로 자연스럽게 이어졌다. 湛軒은 朱子의 學說을 擁護하면서 陸王의 學說을 批判하기는 하였으나 이들과 깊은 筆談을 나누고 書信을 주고받는 사이에 朱子學說을 客觀的인 立場에서 바라볼 수 있는 契機를 마련할 수 있었다.

이 땅의 儒者들은 朱子를 尊崇할 줄만 알았지 그 經義의 疑心되고 論難되는 점에 대해서는 그저 附和雷同하여 한결같이 掩護하기만 하고 남의 입을 막으려고만 하니, 이는 鄕原의 마음으로 朱子를 바라보는 것이라고 하였다.

進退와 出處에 대해서는 湛軒과 杭州의 三人이 意見의 一致를 보이고 있다. 名利의 마당과 仕宦의 바다에서 浮沈하는 者들이 殆半인 세상에서 이들은 立身行己하는 君子가 되기를 바라면서 科擧니 榮道니 하는 것은 물고기가 江湖에서 노닐면서 서로 잊어버리듯 마음에 두지 않을 것이라고 하였다.

湛軒이 筆談과 書信往來이라는 새로운 형식을 통해 中國의 文士들과 知的인 交遊를 한 前例는 그대로 燕巖의 『熱河日記』에 이어짐으로써, 中世 後期 韓·中間 知識疏通의 새로운 轉機를 마련하였다는 데 그 意義가 있다고 할 것이다.

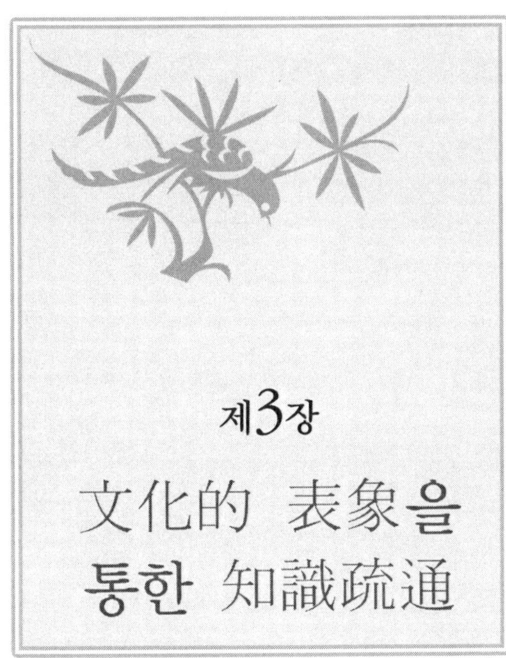

제3장

文化的 表象을 통한 知識疏通

　여기서 말하는 '문화적 표상'은 歷代의 문화현상이나 문화적 특성을 상징적으로 나타내 보여주는 文物을 말하는 것으로, 중세기 동북아시아 문명권의 지식계층에 속한 사람들이 공유하고 있던 「瀟湘八景」등의 관습적 경관, 「黃鶴樓」·「銅雀臺」·「滄浪亭」·「滕王閣」·「關廟」등의 樓臺亭榭와 祠宇, 「二妃傳說」·「屈原과 離騷」·「虎溪三笑」·「留衣故事」 등 전설과 고사를 가리킨다.

　중세기에는 동일 문명권에 속하는 나라의 지식인들이 이러한 문화적 표상을 공유하고 그에 관한 詩文을 통하여 개별적인 반응을 보임으로써 간접적이나마 소통의 양상을 보여주고 있다. 여기서는 「소상팔경」·「황

학루」·「유의고사」·「관묘」 등의 문화적 표상을 통해 한·중간에 어떠
한 소통이 이루어졌는가를 살펴보고자 한다.

학루」·「유의고사」·「관묘」 등의 문화적 표상을 통해 한·중간에 어떠
한 소통이 이루어졌는가를 살펴보고자 한다.

麗朝漢詩의 荊楚地域 形勝 受容樣相

1. 머리글

文獻에 남아 있는 기록으로 보면, 中國의 荊楚지역에 대한 韓半島의 관심은 高麗時代에 비롯되었다. 그것은 바로 瀟湘八景에 대한 詩와 畵였다. 11세기 北宋의 文人畵家인 宋迪에 의해 완성된 「瀟湘八景圖」[1]가 구체적으로 언제 高麗에 전해졌는지는 알 수 없으나 다음의 기록을 통해 보면, 12세기경에는 이미 고려 사회에 「瀟湘八景」이 널리 알려져 있었음을 알 수 있다.

> 文臣에게 명하여 瀟湘八景의 시를 짓게 하고, 왕이 그 시의 내용대로 摹寫해서 그림을 만들었다.[2]

---

1) 沈括, 『夢溪筆談』, 권17. "度支員外郞宋迪工畫 尤善爲平遠山水 其得意者 有平沙落雁 …… 謂之八景 好事者多傳之."
2) 金宗瑞 等撰, 『高麗史節要』, 권13, 明宗15年 3月條. "命文臣製瀟湘八景詩 倣

高麗 明宗은 前代의 睿宗이나 仁宗과 더불어 詩畵에 조예가 깊었던 왕으로, 文臣들이 지은 「瀟湘八景」詩를 바탕으로 當代 著名한 畵員인 李光弼에게 그림으로 그리게 하였던 것이다.[3] 광필의 아버지인 李寧은 중국에까지 널리 알려진 山水畵家였다.

仁宗 때 宋商이 그림을 바치자, 仁宗은 中華의 奇品이라 하며 이영을 불러 자랑하였다. 그러나 그것은 이영이 그린 산수화였다. 왕이 믿지 않으므로 그림의 褙接한 곳을 찢으니 이영의 이름이 나왔다. 이로 인해 이영은 한층 왕의 사랑을 받았다고 한다.

아무튼 明宗이 文臣들에게 「瀟湘八景」詩를 지으라고 한 사실로 보아, 그 당시 文臣들은 「瀟湘八景」에 대해 이미 熟知하고 있었음을 알 수 있다. 이는 蘇東坡의 영향으로 보인다. 宋迪의 「瀟湘八景圖」를 보고 소동파가 畵題에 따라 詩를 지었고, 그 뒤의 好事家들이 이에 次韻하였던 데서 「瀟湘八景」詩가 發端되었는데, 高麗의 文人들이 그러한 風潮를 그대로 받아들였던 것이다.[4]

이와 함께 高麗의 漢詩 가운데에는 黃鶴樓를 거론한 작품이 몇몇 있다. 洪侃(?-1304)·李穡(1328-1396)·金九容(1338-1384) 등이 그들이다. 이 논문에서는 荊楚地域의 形勝이 高麗時代의 漢詩에 어떻게 受容되었는가를 「瀟湘八景」과 「黃鶴樓」를 중심으로 살펴보고, 그 背景을 追跡해보고자 한다.

其詩意 模寫爲圖."
3) 鄭麟趾 等撰, 『高麗史』, 권122. 李寧傳. "(李寧)子光弼 亦以畵寵於明宗 王命文臣 賦瀟湘八景 仍寫爲圖."
4) 李穡, 「東吳八詠序」, 『牧隱詩藁』, 권10. "東吳八詠 沈休文之作也. 宋復古畵之 載於東坡集. 予少也讀之而忘之矣. 今病餘悶甚 偶閱東坡詩註 因起東吳之興 作八詠絶句."

2. 「瀟湘八景」의 受容

高麗時代의 「瀟湘八景」詩로 오늘날 전하는 것은 李仁老(1152-1220)·李奎報(1168-1241)·陳澕(?-?)·李齊賢(1287-1376) 등의 작품이다. 李仁老는 詩題 「宋迪八景圖」로 보아 宋迪의 그림 模寫本을 보고 지은 것으로 보인다. 李奎報의 경우는 당시의 相國으로 있던 李仁植이 晉陽公 崔怡의 門客이 지은 「虔州八景詩」에 和答한 詩를 보여주었을 때 그에 次韻하여 지었음을 알 수 있다.5) 陳澕의 「瀟湘八景」詩도 宋迪의 八景圖 模寫本을 보고 지었던 것으로 추측된다. 李齊賢의 詩는 「和朴石齋尹樗軒用銀臺集瀟湘八景韻」이라는 詩題로 보아 李仁老의 『銀臺集』에 실려 있는 瀟湘八景韻으로 朴孝修와 尹奕이 지은 詩에 和韻한 것임을 알 수 있다. 이들은 모두 中國의 荊楚地域을 실제로 가본 일이 없었다. 「瀟湘八景圖」를 보거나 다른 이의 「瀟湘八景」詩를 次韻 혹은 和韻하여 지었던 것이다.

「瀟湘八景」 가운데 二妃故事와 관련을 가진 「瀟湘夜雨」를 詩題로 한 네 作家의 시를 보기로 하자.

(가)
한 줄기 넘실대는 물결에 양쪽 언덕이 가을인데,
바람이 가랑비를 불어 돌아가는 배에 뿌리네.

---

5) 李奎報, 「次韻李平章虔州八景詩幷序」, 『東國李相國集』後集6, "伏蒙相國閣下和晉陽公門客所賦虔州八景詩示予曰 子亦嘗著此八景詩耶 予曰 古今詩人 賦者多矣. 未嘗不撑雷裂月 爭相爲警策者 予懼不及 故不敢爾 公固督予賦之 卽次韻各成二首奉寄 但未覩諸賢所賦 焉知不有犯韻者耶 此獨所恐耳."

밤사이 강가의 대숲 가까이에 배를 대니,

잎잎이 찬 소리가 모두 다 수심일세.

一帶滄波兩岸秋 風吹細雨洒歸舟 夜來泊近江邊竹 葉葉寒聲摠是愁[6]

(나)

밤비 내리는 아득한 하늘,

무산신녀의 사당이 눈에 더욱 선하네.

쓸쓸한 빗소리에 어찌 느낌 없으랴?

술 취한 사공들 차례대로 잠드네.

漠漠茫茫夜雨天 巫娥廟在盆依然 蕭騷聲裡能無感 被酒篙工取次眠[7]

(다)

강마을에 밤이 드니 가을하늘에 구름 짙어지고,

구멍가게 등불마저 얼어붙으려 하네.

쏟아 붓는 빗줄기가 잔잔한 호수를 지나가자,

점점의 물결이 날아가려는 듯.

으스스 바람 불어 댓가지에서 맑간 구슬 걸러지고,

또르르 둥근 수은 알이 연잎에서 구르네.

외로이 떠 있는 배 밤새도록 선창을 닫아 놓아도,

거센 바람 불어 먼 타향의 꿈을 깨워 놓네.

江村入夜秋陰重 小店漁燈光欲凍 森森雨脚跨平湖 萬點波濤欲飛送

---

6) 李仁老, 「宋迪八景圖」, 徐居正 等編, 『東文選』권20.
7) 李奎報, 「次韻李平章虔州八景詩」, 『東國李相國集』後集 권6.

竹枝蕭瑟瀉明珠 荷葉翩翩走圓汞 孤舟徹曉掩蓬窓 緊風吹斷天涯夢[8]

(라)

단풍잎과 갈대꽃 물나라 가을인데,

온 강의 비바람이 조각배에 뿌려대네.

초나라 나그네의 삼경 고향 꿈을 놀래 깨워 놓고,

상비의 만고 시름을 나누어 주네.

楓葉蘆花水國秋 一江風雨灑扁舟 驚廻楚客三更夢 分與湘妃萬古愁[9]

詩(가)는 詩題에 드러나 있듯이 宋迪의 「瀟湘八景圖」를 보고 지은
시다. 作者인 李仁老는 生前에 荊楚地域을 다녀온 痕迹이 없다. 이 시
의 前半部는 敍景으로, 瀟湘江의 넘실대는 물결이나 兩岸의 가을 風
景, 歸路에 오른 배가 가을비를 맞는 모습 등은 그림을 그대로 옮겨 놓
았다고 할 수 있다. 後半部는 敍情으로, 江가의 대나무와 밤새 비를 맞
은 댓잎에 부는 찬 바람소리가 愁心을 喚起 시키고 있다. 구체적으로 언
급하지는 않았지만, 이때의 대나무는 바로 瀟湘斑竹이므로, 대나무로
인해 喚起되는 愁心은 二妃의 故事를 가리키는 것임을 알 수 있다.

詩(나)는 그림을 보고 지은 시가 아니고, 당시 相國으로 있던 平章事
李仁植이 지은 시에 次韻한 것이다. 李仁植의 작품 역시 晉陽公 門客
의 詩에 和答한 것이었다. 그 門客의 詩나 李仁植의 詩와 이 詩를 견주
어 보면 次韻 過程의 變奏樣相을 살펴볼 수 있겠으나, 두 사람의 詩가

---

8) 陳澕, 「宋迪八景圖」, 『梅湖遺稿』
9) 李齊賢, 「和朴石齋尹樗軒用銀臺集瀟湘八景韻」, 『益齋亂藁』卷3.

오늘날 전하지 않아 아쉬운 느낌이 없지 않다. 이 시의 作者인 李奎報도 荊楚地域을 다녀온 흔적은 없다.

瀟湘江에 밤비 내리는 情景을 두고 이 시에서는 巫娥廟, 곧 巫山神女의 祠堂을 언급하였다. 李奎報는 二妃의 故事 대신 楚襄王과 巫山神女의 陽臺雲雨의 故事를 떠올렸던 것이다. 楚襄王과 하룻밤을 함께 지낸 巫山神女는 作別하며 자신은 아침이면 구름이 되고 저녁이면 비가 된다고 하였다. 그러니 瀟湘江에 내리는 밤비는 巫山神女의 顯現으로 볼 수 있는 것이다.10)

詩(다)는 作者인 陳澕가 宋迪의 「瀟湘八景圖」를 보고 지은 시다. 같은 그림을 보고 지었으면서도 李仁老의 시와는 사뭇 분위기가 다름을 알 수 있다. 제5구에 竹枝라는 詩語가 보이기는 하나 곧바로 二妃의 故事와 연결 지어 보기는 어려울 듯하다. 竹枝에서는 제6구의 荷葉과 對句 이상의 의미를 찾을 수 없기 때문이다. 江가 대숲에 碇泊한 배의 設定도 李仁老의 시에서와 같으나 나타낸 情調는 역시 다르다. 대나무로 喚起되는 二妃의 愁心 대신, 먼 他鄕에서 故鄕을 그리는 꿈이 비바람으로 인해 霧散되는 아쉬움으로 代置되었다.

詩(라)는 作者인 李齊賢이 朴孝修 등이 지은 詩에 和韻한 것이다. 李齊賢은 忠宣王을 따라 燕京 萬卷堂에서 趙孟頫 등 中國學者들과 交遊하기도 하였고, 降香使로 가는 忠宣王을 隨行하여 江南地方에도 갔었으며, 吐藩으로 流配되었다가 朶思麻로 移配된 忠宣王을 拜謁하

---

10) 이 시를 지을 때 이규보는 各 景마다 각각 2수의 시를 지었다. 본문에 인용한 시 외의 다른 「瀟湘夜雨」 시에서는 "日落江寒水暝天 夜來微雨更凄然 二妃往事君何詰 洒竹聲中正好眠."라고 하여, 이규보도 二妃의 故事를 거론하였다.

러 巴蜀地域으로 가기도 하였다. 그러나 荊楚地域에 갔던 흔적은 보이
지 않는다.

이 시는 李仁老의 詩想과 陳灘의 詩想을 아울러 놓은 듯이 보인다.
起句와 承句는 敍景으로, 瀟湘江의 가을 風景을 描寫하고 있다. 轉句
와 結句는 敍情으로, 故鄕을 멀리 떠난 나그네의 愁心과 二妃의 시름
을 아울러 나타냈다.

3. 「黃鶴樓」의 受容

高麗時代에 「黃鶴樓圖」가 傳來하였는지는 史書 등에 記錄이 없어
확실하지 않다. 다만, 唐詩 絶唱이 收錄된 『文苑英華』가 高麗 宣宗 2
년(1085)에 전래되었다는 기록은 중국의 『宋史』 「高麗傳」과 『靑莊館
全書』 등에 남아 있다.11) 또한 李穡은 「奉謝廣平李侍中所藏山水十二
疊屛風」라는 詩題로 여러 편의 詩를 지었는데, 그 가운데 누구의 그림
인지는 알 수 없으나 「黃鶴樓圖」가 있었음을 알 수 있다. 崔顥의 「黃鶴
樓」詩는 唐代에 이미 李白에 의해 認定을 받았을 뿐만 아니라, 宋代
詩論家 嚴羽는 唐人 七律 가운데 으뜸으로 꼽았으니, 高麗에도 널리
알려졌을 것임은 분명하다.

高麗의 漢詩 가운데 黃鶴樓를 거론한 시로는 洪侃 · 李穡 · 金九容

---

11) 李德懋, 「盎葉記」二, 『靑莊館全書』 卷55. "宋哲宗賜高麗文苑英華. 宋史高麗
　　傳 哲宗立 王遣使金上琦奉慰 林曁致賀 請市刑法之書, 太平御覽, 開寶通禮,
　　文苑英華. 詔惟賜文苑英華一部."

등의 작품을 들 수 있다.

(가)

넓디넓은 천지가 다 내 집인데,

취했으면 멈출 것이지 어디로 가려는가?

다른 날 오늘 밤 술 깼을 때를 기억하면,

황학루 앞에 비친 달빛 물결치듯 하리라.

蕩蕩乾坤是我家 醉宜卽止醉歸何 記他今夜醒時節 黃鶴樓前月似波[12]

(나)

백운과 황학에 생각이 아득하고,

향기로운 풀 비갠 시내에서 눈에 가득 시름이네.

최호의 시 한 편에 천지가 확 트였고,

이 적선 시의 격조 또한 풍류가 있었다네.

白雲黃鶴思悠悠 芳草晴川滿眼愁 崔顥一題天地闊 謫仙詞調亦風流[13]

(다)

황학루 앞에는 물결이 솟구치는데,

강가의 주렴과 장막 친 집은 몇 천호인가?

돈을 거두어 술을 사다 회포를 푸니,

대별산은 푸른데 해는 하마 져가네.

---

12) 洪侃, 「太白醉歸圖」 『洪厓遺稿』
13) 李穡, 「奉謝廣平李侍中所藏山水十二疊屛風」 『牧隱詩藁』卷28.

黃鶴樓前水湧波 沿江簾幕幾千家 釀錢沽酒開懷抱 大別山靑日已斜[14]

　詩題로 보아 詩(가)는 作者 洪侃이「太白醉歸圖」라는 그림을 보고 지은 것임을 알 수 있다. 詩仙으로 推仰 받던 李白은 崔顥의「黃鶴樓」詩를 보고 極讚해 마지않으면서 자신도 이에 匹敵할 詩를 지어 보려고 詩想과 韻, 詩句까지도 模倣하여「登金陵鳳凰臺」라는 詩를 지었다는 이야기는 너무나 잘 알려진 것이다.

　「太白醉歸圖」를 보며 作者는 平素 豪放하던 詩人 李白도 崔顥의「黃鶴樓」詩에 주눅이 들어 술에 취해 초라한 모습으로 歸家한다고 생각했던 듯하다. 豪氣를 잃지 않은 李白이라면 술에 취해 天地를 그 자신의 집으로 삼았으리라는 것이 作者의 생각이다. 그러나 그러지 못하였으니 나중에 술이 깨어 생각해보면 黃鶴樓 앞에 비친 환한 달빛이 물결처럼 밀려들어 壅拙하였던 李白 자신의 모습이 더욱 초라하게 느껴질 것이라는 말이다.

　詩(나)는 李穡이 禑王 당시 守門下侍中으로 있던 廣平府院君 李仁任이 所藏한 12幅 山水圖 屛風을 보고 지은 詩 가운데「黃鶴樓圖」를 보고 지은 것이다. 起句는 崔顥의「黃鶴樓」詩 頷聯의 '한번 날아간 황학은 다시 돌아오지 않고, / 흰 구름만 천년 동안 부질없이 오락가락하네.(黃鶴一去不復返 白雲千載空悠悠)'의 詩想을 그대로 이은 것이다. 承句의 '芳草晴川' 또한 崔顥 詩의 頸聯 '비 갠 개울엔 한양의 나무들 또렷또렷하고, / 싱그러운 풀은 앵무주에 다복다복하네.(晴川歷歷漢陽樹 芳草萋萋鸚鵡洲)'의 詩想을 그대로 이어놓았다. 洪侃과는 달리, 李

___

14) 金九容,「武昌」,『惕若齋學吟集』卷下.

穡은 轉句와 結句에서 崔顥의 시와 함께 李白 시의 格調도 높이 稱頌하는 여유를 보였다.

詩(다)는 作者인 金九容이 明나라에 使臣으로 왔다가 太祖의 노여움을 사 雲南의 大理로 流配 가는 길에 黃鶴樓가 있는 武昌을 지나며 지은 것이다. 다른 작자들과는 달리 직접 黃鶴樓를 보고 지은 시다. 黃鶴樓 前面에 솟구치는 長江의 물결과 수없이 늘어선 강가의 酒樓가 敍景을 이루고 있다. 孤單한 流配의 路程을 잠시 쉬며 한 잔 술로 懷抱를 푸는 情景, 푸른 大別山과 기울어 가는 夕陽의 붉은 對照가 敍情을 보여준다. 故國이 있는 方向과는 反對쪽인 雲南으로 향하는 작자에게 푸르기만 한 大別山의 의미는 예사롭지 않게 다가왔을 것이다.

4. 마무리

지금까지 高麗時代의 漢詩 가운데 荊楚地域의 形勝을 受容한 作品들이 어떠한 樣相으로 存在하고 있는가를 疏略하게 살펴보았다. 流配라는 意外의 事件으로 荊楚地域을 지나가게 된 金九容의 경우를 제외하면, 대체로 荊楚地域 形勝을 그린 그림을 보거나 그런 그림을 보고 지은 詩에 和韻한 詩를 次韻한 경우가 대부분이었다.

그렇다면 이처럼 그림을 보고 시를 짓거나, 逆으로 시를 보고 다시 그림을 그리는 風潮가 高麗 中期 以後에 나타나게 된 緣由와 그 意味가 궁금해진다. 이는 詩畵一律論으로 설명이 가능할 듯하다. 中國에서는 일찍이 宋代에 詩畵의 一體를 追求하려는 노력이 있었다. 郭熙는 「林

泉高致」에서 다음과 같이 말하였다.

옛사람들이 '시는 형체가 없는 그림이요, 그림은 형체가 있는 시'라고 말한 것처럼, 哲人들이 이 말을 많이 하였으니 내가 스승으로 삼는 바이다.15)

이러한 견해는 蘇東坡에 이르러 한층 확고해졌다. 그는 王維의 시와 그림을 평하면서 다음과 같이 말하였다.

摩詰의 시를 음미하면 시 가운데 그림이 있고, 마힐의 그림을 보면 그림 가운데 시가 있다.16)

소동파가 확립한 '詩中有畵'·'畵中有詩'의 詩畵一律論은 高麗 中期 以後의 文人들에게 지대한 영향을 미쳤다. 그 구체적인 근거를 李仁老의 다음 글에서 찾아볼 수 있다.

시와 그림이 묘한 곳에서 서로 도와주는 것이 한결같다 하여 옛사람들이 그림을 소리 없는 시라 이르고, 시를 운이 있는 그림이라 말하였으니, 대개 만물의 형상을 모사하여 하늘이 아끼고 감추는 바를 파헤치는 것이란 그 술법이 참으로 기약하지 않아도 서로 같은 것이다.17)

詩畵를 一體로 보고자 하여도 詩와 畵는 각기 그것대로의 特性이 있

---

15) 郭熙, 「林泉高致」, 兪崑 編, 『中國畵論類編』上篇, 華正書局, 1984.
16) 蘇軾, 「東坡題跋」, 『東坡集』 卷5. 味摩詰之詩 詩中有畵 觀摩詰之畵 畵中有詩.
17) 李仁老, 「題李佺海東耆老圖後」, 徐居正 等編, 『東文選』 卷102. "詩與畵妙處相資 號爲一律 古之人以畵爲無聲詩 以詩爲有韻畵 蓋模寫物象 披割天慳 其術固不期而相同也."

다. 그림, 특히 山水畫의 경우는 畫家의 눈에 들어오는 景觀이나 想像 속에 받아들인 景觀을 描寫하는 것이 원칙이다. 이러한 그림을 통해 畫家가 자신만의 어떤 意匠을 효과적으로 드러내기란 쉽지 않은 일이다. 이런 限界를 극복하고자 나타난 것이 題畫詩가 아닌가 생각된다. 그림만으로 충분히 나타낼 수 없는 作家의 意匠을 詩로 補完하는 것이다. 뿐만 아니라 詩만으로 충분히 形象化 할 수 없는 부분을 그림으로 補完하기도 하는 것이다.

이렇듯 詩畫一律·詩畫相補의 理念을 바탕으로 高麗 漢詩는 荊楚 地域의 形勝을 受容하였다. 이러한 傾向은 高麗를 이어 朝鮮朝까지 이어져 수많은 八景詩와 八景圖가 製作되기에 이르렀던 것이다.

瀟湘八景과
高麗後期의 三陟西樓八詠

1. 머리글

이른바 八景詩 혹은 八詠詩로 이른 시기에 보이는 것은 南朝 梁나라 沈約(441-513)의 「東吳八詠」이 있다. 그러나 이러한 작품군이 본격적으로 이루어진 것은 대개 宋의 蘇軾(1037-1101) 이후로 알려져 있다. 송의 度支員外郎 宋迪이 특히 산수화를 잘 그렸는데, 그가 그린 「瀟湘八景圖」를 보고 소식이 畵題에 따라 시를 지었고, 그 뒤의 호사가들이 이에 차운하였던 데서 발단되었다고 한다.[1]

이 땅의 경우는 고려 명종 때에 왕이 문신들에게 소상팔경시를 지어

---

1) 李穡, 「東吳八詠序」, 『牧隱詩藁』, 권10. "東吳八詠 沈休文之作也 宋復古畵之 載於東坡集 予少也讀之而忘之矣 今病餘悶甚 偶閱東坡詩註 因起東吳之興 作 八詠絶句., 沈括, 『夢溪筆談』, 권17. 度支員外郎宋迪工畵 尤善爲平遠山水 其 得意者 有平沙落雁 …… 謂之八景 好事者多傳之.", 蘇軾, 「八景圖後序」, 『東坡 集』續集, 권8. 참조

올리게 하여 그 詩意를 본떠 그림을 그렸다는 기록이 최초의 것으로 보인다.『梅湖遺稿』에 의하면, 그 당시 소상팔경시를 지어 올린 사람으로 李仁老와 陳澕 등이 있었음을 알 수 있다.[2] 그밖에도 李仁植의「虔州八景」, 李奎報의「건주팔경」, 金克己의「宮詞八詠」·「江陵八詠」등의 시가 있었던 듯하다.[3]

기왕에 무신란 이후 활발하게 제작된 팔경시에 관한 논의가 있었다.[4] 여기서는 당시 문인지식인의 현실인식과 관련하여 그들이 제작한 팔경시를 다루면서, 무인 막하에서 제작된「瀟湘八景」시와 원나라 지배 아래 신흥사대부들이 제작한 三韓異迹의 팔경시가 성격상 다르다는 것을 규명하고자 하였다. 무인 막하에서 생산된「소상팔경」시는 단지 문인지식인의 권력지향적인 산물인데 비해 원나라 지배 아래 신흥사대부들이 삼한이적을 대상으로 제작한 팔경시는 민족적 자각에서 비롯되었다는 것이다.

상당히 흥미로운 문제의 제기이고 수긍이 가는 점도 적지 않으나, 제기한 문제의 무게에 비해 논의가 구체적으로 전개되지 않았다는 데서 아쉬움이 남는다. 특히 무인 막하의 팔경시 작자로 예거한 이인로·이규보·

---

2)『高麗史節要』, 권13, 明宗15年 3月條. "命文臣製瀟湘八景詩 倣其詩意 模寫爲圖., 陳澕, <宋迪八景圖>註,『梅湖遺稿』. 按明宗嘗命群臣 製瀟湘八景圖詩 蓋此詩作於是時 李大諫一代宗匠也 公以童卝 與之方駕 俱爲絶唱."

3) 李奎報,「次韻李平章仁植虔州八景詩序」,『東國李相國集』後集, 권6. "伏蒙相國閣下 和晉陽公門客所賦虔州八景詩 示予曰 子嘗著此八景詩耶 子曰 古今詩人 賦者多矣 未嘗不撑雷裂月 爭相爲警策者 予懼不及 故不敢爾 公固督 予賦之 則次韻各成二首奉寄 但未覩諸賢所賦 焉知不有犯韻者耶 此獨所恐耳.", 崔滋,『補閑集』中. "予偶得金翰林集第一卷 觀之卷首 編宮詞八詠.",『東國與地勝覽』, 권44, 江陵大都護府 題詠條 참조

4) 鄭容秀,「12·3세기 문인지식인의 현실인식과 자연관」,『石溪李明九博士華甲紀念論叢』, 成均館大出版部, 1984, 89-99쪽.

진화에 대해서는 당시 그들의 동향을 소개하는 데 그쳤고, 그들의 팔경
시에 대해서는 이규보의 「건주팔경」 한 편을 소개하였을 뿐, 그나마 시
에 대한 구체적인 언급이 없이 '문인지식인의 吟風弄月的 세계관의 반
영'이라고 단정하였을 따름이다.

원나라의 지배 아래 몇몇 신흥사대부들이 남긴 글을 통합해 볼 때, 그
들이 외국의 풍물에 가탁하지 않고 우리의 국토산하에 대한 애정으로 팔
경시를 지었다는 견해는 귀 기울일 만하다. 그러나 이에 대해서도 역시
시에 대한 논의가 전혀 없어, 가설을 뒷받침할 만한 입증이 이루어지지
않은 아쉬움이 있다. 필자의 생각에 무인 막하의 팔경시를 외국의 풍물
에 경도된 음풍농월이라고 단정하는 데는 재고의 여지가 있다고 보며,
원나라 지배 아래서 생산된 팔경시가 민족적 자각을 담은 것이라는 견해
도 시에 대한 구체적인 논의가 뒷받침되어야 한다고 여긴다.

이러한 생각을 바탕으로, 이 글에서는 서로 연령의 차이가 있기는 하
나 동시대를 살았던 謹齋 安軸(1282-1348)·稼亭 李穀(1298-1351)·
霽亭 李達衷(1309-1385) 등 세 사람이 삼척의 죽서루 팔경5)을 두고 지
은 「三陟西樓八詠」시를 중심으로 고려 후기 신흥사대부층의 팔경시에
나타난 시세계를 살펴보고자 한다. 이를 위해 세 사람이 지은 시의 문면
을 주로 분석하되 필요에 따라 사대부층이 남긴 여타의 글을 자료로 활
용할 것이다.

---

5) 삼척 죽서루 팔경은 竹藏古寺·巖控淸潭·依山村舍·臥水木橋·牛背牧童·壟頭饁婦·
臨流數魚·隔墻呼僧 등이다.,『동국여지승람』, 권44, 三陟都護府 題詠條 참조

2. 「三陟西樓八詠」의 詩世界

2.1. 自然物을 대하는 感興

팔경시의 소재가 자연의 경치인 만큼, 이 범주에 드는 시에서 자연의 사물을 대하였을 때 일어난 감흥은 소홀히 다룰 수 없다. 「삼척서루팔영」 시에서 자연물을 대하였을 때 일어난 감흥의 양상은 대개 자연물과 인간사 사이의 어긋남을 발견하거나 자연과의 동화를 희구하는 것, 자연의 사물에 대한 체험적 인식, 아득하고 현묘한 것보다는 가까이에 있는 것을 추구하고자 하는 성향 등으로 나타난다. 먼저 자연물과 인간사가 서로 어긋남을 발견한 작품을 보기로 하자.

> 긴 대가 여러 해 되니 아름드리로 자랐는데,
> 손수 심었던 그 절 스님들 지금은 이미 없네.
> 참선하던 자리와 차 마시던 마루는 깊숙해 보이지 않고,
> 숲을 가로지르는 새만이 돌아갈 줄 아는구나.

脩篁歲久盡成圍 手種居僧今已非 禪榻茶軒深不見 穿林翠羽獨知歸[6]

근재가 대숲에 옛 절이 가려진 풍경을 읊은 것이다. 이 시에서는 대나무와 그 대나무를 손수 심었던 승려들, 그리고 보이지 않는 선탑·다헌과

---

6) 安軸, 「竹藏古寺」, 『謹齋集』, 권1. 여기서 다루는 근재의 팔영시는 『근재집』, 권1에, 稼亭의 팔영시는 『稼亭集』, 권20에, 霽亭의 팔영시는 『霽亭集』, 권1에 실려 있다. 앞으로 이 세 사람이 지은 「삼척서루팔영」 시의 경우, 작품 끝에 작자와 표제만 밝히기로 한다.

돌아갈 줄 아는 새가 각기 대립적으로 설정되어 있다. 예전에 승려들이 심은 대나무는 아름드리로 자라 숲을 이루었는데, 그것을 심었던 승려들은 가고 없다는 것이 첫 번째의 대립양상이다. 선탑과 다헌은 대숲에 가려져 보이지 않으므로 찾을 수 없는데, 숲 속으로 날아가는 새는 제 갈 곳을 찾아 돌아갈 줄 안다는 것이 두 번째의 대립양상이다.

 이 시에 등장하는 대나무와 새는 다 같이 자연의 일부이면서 의연한 자연의 모습을 나타낸다는 공통점이 있다. 어디론가 가고 없는 승려들과 가려져 찾을 수 없는 선탑·다헌은 모두 인간사와 관련된 것이면서 예전과는 달라진 모습을 보여준다는 것이 공통점이다. 자연물인 어린 대는 아름드리로 자라 숲을 이루고 새는 수풀이 우거져도 돌아갈 줄을 아는데 비해 인간사는 간 곳을 알 수 없거나 수풀에 가려져 찾을 수 없게 되었다는 데서 작자는 이 둘이 서로 어긋남을 발견한 듯하다.

> 높고 험한 바윗돌이 달리는 시냇물을 막아,
> 내가 못이 되어 더욱 질펀하네.
> 물고기는 바람과 우레를 만나 남몰래 변화했고,
> 사람은 세월 따라 몇 번이나 바뀌었나.

巖巖崖石禦奔川 川却爲潭轉淼然 魚得風雷潛變化 人隨歲月幾推遷
(이달충,「巖控淸潭」)

 근재의「죽장고사」가 의연한 자연물과 무상한 인간사 사이에 대립을 읊은 것이라면, 제정의 이 시는 자연물과 인간사의 변화에 주목하고 있다는 점이 다르다. 흐르던 내가 바위에 막혀 못이 되고 물고기가 바람과 우레를 만나 남모르게 변하였다는 것은 자연물의 변화다. 세월 따라 사람이 바뀌었다는 것은 인간사의 변화다. 다 같이 변화인 듯 보이나 실은 질적인 차이가 있다. 흐르는 냇물이 질펀한 못으로 바뀐 것이나 물고기가 용으로 화한 것은 한층 나은 것으로의 긍정적인 변화라고 할 수 있다.[7] 그러나 그에 비해 인간사의 무상한 변화는 부정적인 변화라고 할 수밖에 없다. 따라서 이 시에도 자연물과 인간사는 서로 어긋난 것으로 그려져 있음을 알 수 있다.

흐르는 내 뭍이 되고 뭍이 내 되어도,
맑은 이 못만 홀로 여전하네.
급한 여울물이 모여 고이는 곳을 보니,
깎아지른 바위는 무거워서 옮겨지지 않았네.

流川爲陸陸爲川 有底淸潭獨不然 看取奔灘停滀處 奇巖削立重難遷
(안축, 「암공청담」)

인용한 시의 起句는 언뜻 내와 뭍이라는 자연물이 변화한 것을 말한 듯이 보이기도 한다. 그러나 기실 그 내용은 사실의 서술이 아니라 가정에 불과하다. 가정의 핵심 또한 내가 뭍이 되고 뭍이 내가 되는 자연물의 변화에 있다기보다는 그러한 표현을 통해 오랜 시간이 경과한 상황을 가정하자는 데 있는 것이다. 즉 아무리 세월이 흐르고 세상이 바뀌어도 바

---

7) 묘(淼)는 흐르는 내[川]가 크게 모인 물[大水]을 뜻한다. 「說文」 참조. 물고기가 바람과 우레를 얻어 남몰래 변하였다는 것은 魚化龍 혹은 魚變成龍, 곧 용으로의 변화를 뜻한다. 『周易』의 風雷益卦는 君子가 善으로 나아가고 허물이 있으면 고치는 것(君子以見善則遷 有過則改)을 의미하니, 긍정적인 것을 말하는 것이다.

위 아래 못만은 변함없이 맑다는 것을 강조하기 위한 가정이라고도 할 수 있다.

轉句의 '급한 여울물이 모여 고인다'는 것은 사실의 서술이다. 그러나 이 구절 역시 그 자체로서 어떤 의미를 지닌다기보다는 結句에서 말하고자 하는 것을 두드러지게 드러내려는 의도의 결과로 설정한 것이라 할 수 있다. 깎아지른 바위가 변함없이 버티고 서 있다는 점을 강조하기 위한 배려라고 할 수 있는 것이다. 급히 흘러내리는 여울물은 바위가 의연히 서 있는 것을 방해할 수 있기 때문이다. 그러한 방해에도 불구하고 바위가 옮겨지지 않았다고 함으로써 바위의 변함없는 모습이 한층 강도 있게 표현될 수 있는 것이다.

이 시에서는 변함없이 맑은 못, 의연히 서 있는 바위 등 불변의 자연물만이 강조되어 있을 뿐, 그와 대비되는 인간사의 모습은 표면에 구체적으로 드러나 있지 않다. 그러나 시에 있어서 서경이 단순히 자연경관의 묘사에 그치는 것이 아니라 서정이기도 하다는 점8)을 감안한다면, 변함없는 자연의 모습을 감탄 어린 시선으로 바라보고 있는 작자의 의식 속에는 변화무쌍한 인간사의 허망함에 대한 자각이 이루어졌으리라는 추측이 가능하다.

> 대를 좋아하는데 굵기를 물어 무엇하리.
> 차군이라는 칭호, 잘못은 아니겠지.
> 절은 푸른 대숲에 숨겨져 찾을 수 없고,

---

8) 王夫之,「夕堂永日緖論」,『王般山遺書』. "情景名爲二 而實不可離 神於詩者妙合無垠 巧者則有情中景景中情.,「詩繹」, 같은 책. 情景雖有在心在物之分 而景生情情生景."

해거름에 홀로 돌아가는 스님을 볼뿐일세.

愛竹何須問徑圍 此君稱謂未應非 招提翠密不知處 唯見斜陽僧獨歸
(이곡, 「죽장고사」)

앞에서 든 세 편의 시와는 달리, 이 작품은 자연물과 인간사의 어긋남을 말하는 것 같지는 않다. 오히려 자연에 동화할 것을 희구하는 듯하다. 또한 이 시는 근재의 <죽장고사>에 대하여 화답하는 듯한 인상을 주기도 한다. 근재는 '대나무가 여러 해 자라 아름드리가 되었다'고 하였는데, 가정은 '굵기를 물어 무엇하겠느냐'고 한 데서 그러한 느낌을 받을 수 있다.

여기 등장하는 대나무 역시 자연물의 하나이면서 숲을 이루어 자연을 표상하는 사물이다. 그러한 대나무를 좋아한다든가 此君이라는 애칭으로 부르고자 하는 것은 조금 확대하여 해석하면 자연을 사랑한다는 의미일 수 있다. 절이 대숲에 가려져 찾을 수 없다는 것은 근재의 시와 다를 바 없으나, 이 시에 등장하는 승려는 근재의 시에서 언급한 승려와는 상당한 차이가 있어 보인다.

근재가 말한 승려는 예전에 대나무를 심었으나 지금은 어디론가 가고 없는 것으로 그려져 인간사의 무상함을 나타내 준다. 가정의 시에 등장하는 승려는 석양을 받으며 절로 돌아가고 있고, 작자의 시선은 그 승려의 뒷모습을 좇고 있다. 그 승려가 돌아가는 곳은 절이겠으나, 절은 대숲에 가려져 보이지 않는다고 하였다. 작자의 시선을 통해 볼 때, 그 승려는 기실 대숲을 향해 가고 있는 것이다. 대숲이 작자가 사랑하는 자연의 표상이라면, 정작 작자의 시선은 돌아가는 승려에게 있다기보다는 그 승려를 매개로 하여 자연을 향하고 있다고 하겠다.

이 시에서는 자연물과 인간사의 대립적 상황을 설정하지 않고 자연에 동화하고자 하는 작자의 의식을 암시적으로 나타냈다. 그러나 자연과의 동화를 희구하는 이면에는 역시 무상한 인간사에 대한 자각이 깔려 있다고 보아야 할 것이다. 결국 위에 든 몇 편의 시에는 자연물을 대하면서 인간사의 무상함을 자각하고, 한편으로는 의연한 자연에 동화하고자 하는 의식이 공통적으로 나타나 있다고 하겠다.

> 삼엄하고 푸르게 총총한 것이 몇 겹이나 에웠나.
> 먼데서 보니 푸른 구름인 듯, 가까이 보니 아닐세.
> 문득 종소리 듣고 절 있는 줄 알아,
> 산책하고 스님 만나고 돌아감도 해롭지 않으리.

森嚴翠密幾重圍 遠訝蒼雲近却非 忽聽鳴鐘知寺在 不妨散策訪僧歸
(이달충, 「죽장고사」)

자연물을 바라보면서 인간사의 무상함을 자각한 작품과는 달리, 이 시는 자연의 사물을 체험적으로 인식하고자 하는 태도가 두드러진 것이 특징이다. 빽빽이 들어선 대숲을 멀리서 바라보았을 때는 구름인가 하였는데 가까이 가서 확인해보니 아니더라고 하였다. 대숲 속에 절이 있다는 사실을 종소리를 듣고 알게 되었으나 그에 그치지 않고 산책 삼아 절을 찾아가 확인하고자 하는 태도가 엿보인다. 대숲이든 절이든 체험을 통해 확인하고자 함을 알 수 있다.

> 바위 밑에 못이 된 것은 바로 큰 냇물.
> 바위 위에서 내려다보니 아득하네.
> 고을 사람들이 못 속 달을 취하려 하니,
> 순박한 풍속이 변하지 않은 줄 알겠네.

巖底成潭是大川 巖頭直下視茫然 州人欲取潭心月 知有淳風不變遷

(이곡, 「암공청담」)

이 시의 承句를 보면, 우뚝 솟은 바위에서 그 밑의 못까지의 거리가 아득한 것으로 표현되어 있다. 이것은 물론 못 가운데 서 있는 바위가 높다는 것을 말한 것이나, 이 시 후반부의 내용과 관련지어 보면 거기에 그치고 만다고 할 수는 없다. 轉句에 보이듯이, 고을 사람들이 하늘에 뜬 달을 취하려고 하지 않고 못에 비친 달을 취하려고 하였다는 데서 어떤 관련이 예상된다.

못에서 바위 꼭대기까지의 거리가 아득할 정도로 먼 것이라면, 하늘에 떠 있는 달까지의 거리는 그에 비해 훨씬 아득하다고 할 수 있다. 그렇듯 멀리 있는 달보다는 가까운 곳에서 볼 수 있는 못에 비친 달을 고을 사람들은 취하고자 하였고, 작자는 그 모습을 보며 순박한 풍속이 변하지 않았음을 확인하였다고 한 것이다. 결국 작자는 아득하고 현묘한 무엇을 찾으려는 태도보다 무엇이나 가까운 곳에서 찾으려는 태도를 긍정적으로 평가하고 있음을 알 수 있겠다.

2.2. 農村生活에 대한 관심

「삼척서루팔영」시에 나타나 있는 또 하나의 특징은 농촌생활에 대한 관심이 상당히 여러 편에 나타나 있다는 것이다. 이러한 현상은 우선 시를 지은 대상이 삼척 죽서루 근방의 산천이고, 그 산천 곳곳에 농민들의 생활현장이 자리잡고 있었기 때문이라고 할 수 있다. 실제로 생산을 담당하는 농민들과는 처지가 달랐던 작자들로서 농촌의 생활에 대해 관심을 보였다는 것이 예사롭지 않고, 더러는 농민들이 직면하고 있는 고통을 제대로 파악한 듯한 작품이 있으므로 구체적인 논의가 필요하다.

산 가까이 피어 오른 밥 짓는 연기가 외딴 마을에 자옥하고,
대숲 밑엔 삽살개 누워 문을 지키네.

傍山煙火占孤村 竹下紅尨臥守門   (안축, 「依山村舍」 전반부)

강 위엔 푸른 산, 산밑엔 마을.
태평시절이라 문도 닫지 않는다네.

江上靑山山下村 太平煙火不關門   (이곡, 「의산촌사」 전반부)

공중을 우러러 피리를 부는 쾌활한 모습,
소 등에 탄 목동이 입은 옷은 종아리도 못 가리네.
집은 산 앞에 있고 언덕이 그 사이에 있는데,
비오는 날엔 저문 까마귀 따라 돌아가네.

仰空吹笛快軒看 牛背身無掩脛衣 家在山前陂隴隔 雨天行趁暮鴉歸

(안축, 「牛背牧童」)

위에서 인용한 작품에는 평화로운 농촌풍경이 저마다 특색 있게 그려져 있다. 자옥하게 피어오르는 밥 짓는 연기, 집 지키며 누워 있는 삽살개, 일하러 나가 사람이 없는데도 문을 열어놓은 집, 가난하지만 그늘진 데가 없는 목동의 모습 등은 실감나게 그려진, 평화롭고 한적한 농촌의 풍경이다.

제정의 "마을은 산을 의지하고 산은 마을을 둘러, / 산 앞 작은 길이 싸리문에 잇닿았네. / 물결이 돌에 부딪쳐 강물이 희고, / 바람이 뽕나무 위를 지나니 비오려나 어둡네. (村舍依山山繞村 山前小徑接衡門 波鳴石齒江流白 風過桑巓雨氣昏)" 「의산촌사」에서는 비와 바람 등 기후가 순조로운 농촌의 풍경을 그리기도 하였다.

힘써 농사짓는 농부들 하나같이 해를 아껴,
별을 보며 나갔다가 저물녘에 돌아오네.

力稽田夫皆惜日 戴星服役返乘昏   (안축, 「의산촌사」 후반부)

이 고장 백성들이야 어찌 강산이 좋은 줄 알랴.
일찍 일어나 일하다 보면 저물어진다네.

居民豈識江山好 早起營生直到昏   (이곡, 「의산촌사」 후반부)

부부 모두 부지런해 놀고먹지 않고,
밭가는 남편 점심 가져와 풀밭에 둘러앉았네.

夫婦辛勤不素餐 餉耕圍坐草萊間   (이달충,「壟頭餉婦」전반부)

농촌의 평화로운 풍경이 농가의 정적인 모습이라면, 부지런히 일하는 농민들의 생활태도는 농촌의 동적인 모습이다. 농촌 백성들의 활기찬 모습은 아침 일찍부터 저물 때까지 농사일에 힘쓰는 데에서만 찾을 수 있는 것은 아니다. 결혼을 앞둔 농가 처녀의 희망찬 모습, 목동의 탈속한 듯한 모습, 농촌 아낙네의 고생스러운 듯이 보이나 행복한 모습 등에서도 그러한 점을 발견할 수 있다. 다음에 인용하는 작품들이 그러하다.

저 집 자매 고운 눈썹,
밤 길쌈도 부지런히 시집갈 옷 만드네.
나면서부터 걱정 없는 네가 사랑스러운데,
도롱이 걸치고 피리 불며 소 가는 대로 가누나.

渠家姉妹有娥眉 夜績辛勤作嫁衣 愛汝生來無念慮 披蓑橫笛任牛歸
                                          (이곡,「우배목동」)

들 점심 만드느라 아낙은 끼니도 거르고,
새벽부터 마음은 밭고랑에 가 있네.
한낮 되자 서둘러서 밭머리에 갔다가,
농사짓는 남편 먹이고서 아양걸음으로 돌아가네.

婦具農飧自廢飧 曉來心在夏畦間 壟頭日午催行邁 餉了田夫信步還

(안축, 「농두엽부」)

먼저 인용한 작품의 작자는 농가의 자매와 목동을 다 같이 사랑스러운 눈길로 보고 있다. 스스로의 노력으로 시집갈 꿈을 여물게 하려는 농가 처녀들이 아름답게 보였고, 세상살이의 고뇌에 물들지 않고 자연 그대로 살아가는 목동의 모습이 사랑스럽고 부러웠던 듯하다. 농가 처녀와 목동 사이에 있을 법한 아름다운 사랑의 사연이 상상될 수 있는 작품이다.

뒤의 작품에도 생활이 어렵지만 희망과 사랑을 가지고 살아가는 농가 부부의 모습에 작자는 애정의 눈길을 보내고 있음을 느낄 수 있다. 끼니도 거른 채 들판에서 먹을 점심을 준비해 가서 남편을 먹이고 아양걸음[9]으로 돌아간다고 한 표현이 그러하다. 이와는 달리 농촌의 그늘진 면을 그린 작품도 있어 주목된다. 다음에 인용하는 작품을 보자.

가을걷이에 마음 쓰며 서로 말하기를,
빌려 쓴 작년 구실 갚게 되려나.
有心秋穫聊相語 欠額年租庶可還   (이달충, 「농두엽부」 후반부)

외나무다리 흔들흔들 여울 위에 걸쳤는데,
바라만 봐도 물살에 빠질 듯 겁이 나네.
이곳 백성들은 발과 마음이 익숙해져,
평지를 지나듯 자세히 보지도 않네.

---

9) 원문의 '신보(信步)'는 정해진 목표가 없이 발길 닿는 대로 걷는 걸음을 뜻하는 바, 여기서는 남편에게 점심을 먹인 충족감에 신나서 돌아가는 아내의 발걸음을 표현한 것이므로 '아양걸음'이라고 의역하였다.

一木搖搖跨石灘 望來惟恐蹈波瀾 居民足與心曾熟 如過平途不細看
(안축, 「臥水木橋」)

　제정이 지은 「농두엽부」에는 농민들의 고충이 직설적으로, 근재의 「와수목교」에는 그것이 암시적으로 표현되어 있다. 제정의 시는 농가의 부부가 부지런히 일을 하다가 점심을 먹는 사이에 앞일을 걱정하는 모습이다. 그 가운데 부지런히 농사를 지어도 구실[租稅]조차 제대로 낼 수 없는 농촌의 현실이 드러나 있다. 結句의 내용은 마치 농가의 한 부부가 나누는 대화를 그대로 옮겨 놓은 듯하지만, 뒤집어 보면 작자의 농촌 현실에 대한 이해와 염려를 동시에 보여준다고 할 수도 있다.

　근재의 「와수목교」 전반부는 일견 여울 위에 걸쳐놓은 외나무다리의 모습을 실감나게 그려 놓은 것에 지나지 않아 보인다. 그러나 이 시의 후반부와 관련지어 본다면 단순히 사실의 묘사에 그치고 있지 않다는 것을 알 수 있다. 후반부의 내용은 예사롭게 지나쳐보면, 그곳 백성들이 외나무다리를 지나다니는 데 익숙하다는 의미로만 보인다. 얼핏 긍정적으로 바라본 시각 같으나 조금 주의하여 보면 결코 긍정적인 시각이 아님을 읽을 수 있다.

　백성들이 실제로 처한 상황은 근재와 같이 제삼자의 시각에서 보면 위태롭기 짝이 없는데, 그들이 항상 그렇듯 위태로운 상황에 있다 보니 적응이 되어 무심히 지나치곤 한다는 의미로 읽을 수도 있는 것이다. 외나무다리라는 것은 제대로 세운 다리와는 달리 물을 건너기 위해 임시방편으로 설치한 것을 말한다. 그나마 안정되지 못하고 흔들거린다고 하였다. 작자가 외나무다리에 빗대 당시 농민에 대한 시책의 허술한 면을 지적한 것으로 볼 수도 있겠다. 이렇게 본다면, 작자가 농촌의 백성들이 처한 심각한 상황을 안타까운 심정으로 바라보았음을 알 수 있다.

2.3. 세상살이의 이모저모

「삼척서루팔영」시 가운데는 자연물을 대하는 감흥이나 농촌생활에 대한 관심을 나타내는 작품 이외에 세상살이에서 느낀 이모저모를 담은 시도 상당수 있다. 세상살이에 대한 느낌도 몇 가지로 나누어 볼 수 있는바, 벼슬길의 어려움을 읊은 것, 세상살이에서 깨닫게 된 지혜에 관한 것, 佛僧을 대하는 태도를 보여주는 것 등이 그것이다. 작자 세 사람이 모두 관인이었으므로 우선 벼슬길의 어려움을 읊은 작품부터 보기로 하자.

> 10리 사이 인가가 여울 하나 끼고 있어,
> 오고 감에 나무 걸치고 급한 여울 건너네.
> 벼슬길에 헛디딤은 이보다 더 위태롭건만,
> 발은 있으나 언제 한번 물러서서 살폈던가.

> 十里人家挾一灘 往來橫木渡狂瀾 宦途失脚危於此 有足何曾却立看
>
> (이곡, 「외수목교」)

전반부는 여울 위에 외나무다리를 걸쳐놓고 건너는 실상을 말한 것이다. 그러한 모습에서 작자는 벼슬길에서의 위태로움을 유추해 낸 듯하다. 여울에 거친 나무다리를 보며 이와 비슷한 생각을 하였던 것이 가정과 동시대의 인물인 德齋 辛蔵(?-1339)이다.

그는 같은 제목의 시에서 "긴 가지를 찍어내어 여울에 걸쳤는데, / 서리를 흩뿌리고 눈을 날리는 놀라운 물결일세. / 잠깐이라도 발자국마다 조심하는 뜻을 / 공명 바라는 벼슬길에다 옮겨놓고 보소"10)라고 하였다. 신천은 벼슬길의 위태로움을 눈과 서리가 날리는 놀라운 물결 위에 걸쳐진 외나무다리를 건너는 것에 빗대 한층 실감나게 표현하였다.

　　이 물이 참으로 황공탄이 되었으니,
　　다리 밟는 발자국마다 물결이 일 듯하네.
　　그대로 무심히 지나가게나,
　　두려워 떨거나 주의해 보지 말고서.

　　此水眞爲惶恐灘 緣橋步步輒生瀾 從敎取次無心過 不用凌兢有意看
(이달충, 「와수목교」)

　　제정은 가정이나 덕재와는 달리 벼슬길의 위태로움에 대해 직접 드러내지 않은 가운데 암시적으로 말하고 있다. 뿐만 아니라 위태로움에 대처하는 자세에 있어서도 앞의 두 사람과는 차이가 있어 보인다. 가정이나 덕재가 위태로운 벼슬길에서는 마치 급한 여울 위에 걸쳐진 외나무다리를 건너듯이 조심하는 자세가 필요하다고 한 반면, 제정은 오히려 지레 겁을 먹거나 조심할 것이 아니라 무심하게 지나치라고 하였다.

---

10) 辛蕆, 「와수목교」, 『동국여지승람』, 권44, 삼척도호부 제영조. "斫斷長條跨一灘 濺霜飛雪帶驚瀾 須臾步步臨深意 移向功名宦路看."

서로서로 생각하여 더 먹으라고 권하며,
아내는 밥 짓고 남편은 밭 갈아서 한 세상 보내네.
얼굴로만 섬기다가 버림받은 이 많은데,
안색은 한번 변하면 다시 고와질 수 없는 것을.

相思寧復勉加飧 婦餉夫耕了世間 以色事人多見棄 顔華一去不曾還
(이곡, 「농두엽부」)

도성 큰길에 나귀 타며 매양 눈썹 찡그림은,
항상 지저분한 먼지에 뽀얀 옷 되는 걸 한함이네.
강 언덕에서 편한 소 등을 타고,
시골길 찾아 물가로 돌아옴을 어떻다 하리.

騎驢九陌每嚬眉 常恨緇塵化素衣 爭似江皐牛背隱 漫尋村徑水邊歸
(이달충, 「우배목동」)

위에 인용한 두 편의 시는 벼슬살이의 어려움이 어디에 있는가를 비교
적 구체적으로 지적하고 있다. 가정은 농사일을 하다가 점심을 먹는 농
가 부부의 모습을 보며, 농민들의 생활과는 다른 벼슬아치 세계의 단면
을 발견한 듯하다. 지어미는 음식을 장만하여 가솔들을 먹이고, 지아비
는 농사를 지어서 먹을 것을 생산하며 살아가는 농가 부부에게는 상대의
고운 얼굴보다는 각기 맡은 일을 부지런히 해나가는 것이 소중하다. 그
러나 벼슬길에서는 섬기는 이에게 한때 잘 보였다가 버림을 받는 일이
비일비재하므로 경계해야 한다는 것이다.
　제정은 자신의 경우를 목동의 처지와 비교하여 말하고 있다. 나귀 타

고 거쳐 가는 도성길은 九折羊腸과 같이 굽이굽이 어려움이 많은 벼슬
길을 뜻한다고 할 수 있다. 그렇듯 어려운 벼슬살이에서 늘 거리끼는 것
은 옷이 먼지를 써 뽀얗게 되듯이 자신의 깨끗함이 지저분한 먼지로 더
럽혀지는 것이라고 하였다. 벼슬길에서 어쩔 수 없이 먼지를 쓰느니 차
라리 시골로 돌아가 목동처럼 시름없이 지내고자 하는 작자의 소망을 나
타내고 있다고 하겠다.

다락 아래 맑은 못에 뚫린 굴이 비었는데,
노는 고기 알을 슬어 붉은 조를 펼친 듯.
한들한들 여러 꼬리 몇 마린지 알겠더니,
앞에서 세나 뒤에서 세나 끝이 없구나.

樓下淸潭窟穴空 遊魚育卵粟排紅 莘莘衆尾知多少 前數無窮後亦同
(안축, 「臨流數魚」)

깁 같은 긴 강, 가을 하늘 쏟아 부은 듯,
굽어보며 시 읊조리노라니 날이 벌써 저무네.
노는 고기, 물이 맑아 헤아릴 수 있다고나 말하지,
구구히 손꼽으면 바보와 한가질세.

長江如練瀉秋空 俯瞰吟詩日已紅 但道遊魚淸可數 區區屈指與癡同
(이곡, 「임류수어」)

다락 아래 맑은 못에 푸른 하늘 잠겼는데,
고기 노는 양 보며 날 저문 줄 몰랐네.

앞섰다 뒤섰다 하여 헤아리기 어려워,
둘이라 하고 셋이라 하여 말이 같지 않네.

樓下澄潭浸碧空 觀魚不覺夕陽紅 乍先乍後數難定 爲二爲三言未同
(이달충, 「임류수어」)

「임류수어」라는 제목의 시에서는 세 사람 모두 세상살이에서 깨닫게 된 지혜에 관해 말하고 있다. 세 편의 시가 전반부에서는 공통적으로 죽서루 아래 오십천 물의 맑음을 강조하였다. 근재가 '물고기가 알을 슨 것이 보인다'고 한 것이나, 가정이 '가을 하늘을 쏟아 부은 강'이라고 한 것, 제정이 '푸른 하늘이 잠긴 듯 맑은 못'이라고 한 것이 그것이다. 맑고 푸른 오십천은 그 물 속이 훤히 들여다보이는 상태였다는 말이다. 그 맑은 물 속에 노니는 물고기에 대한 반응은 세 사람이 각기 조금씩 다르다.

근재는 물고기의 수효를 알 수 있을 듯하여 헤아렸으나 결국 헤아리기가 어렵다고 하였다. 이러한 근재의 반응에 대해 가정은 반박을 하고 있는 듯하다. 물고기의 수효를 헤아릴 수 있다는 가능성을 말하는 것은 좋으나 하나하나 손꼽아 헤아리려고 든다면 바보짓이나 다름없다는 것이다. 제정은 맑은 물속에 노니는 물고기이긴 하나 헤아리는 것이 쉽지 않다고 하면서 그 수효에 대한 사람들의 말이 구구각색이라고 하였다.

물고기가 노니는 모양을 훤히 볼 수 있는 것은 물이 맑고 푸르기 때문이다. 그러나 그 속에서 노니는 물고기를 사람들이 헤아린 결과는 저마다 다르다. 그것은 사람마다 헤아리는 방법이나 바라보는 눈이 다른 까닭이다. 제정이 말하였듯이 헤아린 결과가 각기 다르게 나타날 수밖에 없다면, 가정의 말처럼 헤아리는 일 자체가 쓸데없는 바보짓일 수도 있다. 위의 시를 지은 세 사람은 각기 정도의 차이는 있으나, 물속에 노니는 고기를 바라보면서 맑은 물 속은 들여다볼 수 있어도 물고기의 수를 헤아리는 사람의 마음은 한결같지 않다는 사실을 깨달았다고 하겠다. 그것은 세상을 살아가는 한 가지 지혜를 터득한 것일 수도 있다.

구렁에 솟은 다락이 물가에 임하였고,
담 넘어 선방은 바위에 기대었네.
스님을 좋아하는 참뜻을 아는 이 없고,
10리 뻗친 차 달이는 연기, 대숲 바람에 나부끼네.

聳壑郡樓臨水府 隔墻禪舍倚巖叢 愛僧眞趣無人會 十里茶煙颺竹風
(안축, 「隔墻呼僧」)

객관과 승방이 겨우 벽을 격하였고,
뜰에 핀 꽃과 창가의 대도 한가지로 떨기 이루었네.
짝없이 다락에 올라 심심해서 부른 것이오,
스님이 太顚처럼 도풍이 있어서는 아니었네.

官舍僧房纔隔壁 砌花窓竹共成叢 上樓無偶聊相喚 非爲顚師有道風
(이곡, 「격장호승」)

면벽하는 선승은 잣나무에 참례하고,
다락에 오른 나그네는 꽃떨기를 대하였네.
서로 불러 서강 달 아래 함께 취하세.

한갓 먼지떨이 휘두르는 것만이 대단한 건 아니라네.

面壁禪僧參栢樹 登樓客子對花叢 相呼共醉西江月 未要徒揮一塵風
(이달충, 「격장호승」)

위에 든 작품들은 작자 세 사람의 佛僧에 대한 태도를 보여주는 것이
다. 세 편 모두 불교에 대하여 그다지 긍정적인 시선을 주고 있지 못한
듯하다. 근재가 '스님을 좋아하는 참뜻을 아는 이 없다'고 한 것이나, 가
정이 '스님이 도풍이 있어서 부른 것은 아니다'라고 한 것, 제정이 '한갓
먼지떨이 휘두르는 것만이 대단한 건 아니다'라고 한 데서 그러한 느낌
을 받을 수 있다. 그러면서도 작자 세 사람의 승려에 대한 태도는 약간씩
다른 면을 보여준다.

근재와 가정은 다같이 唐나라 韓愈의 옛일을 떠올리면서 각기 「격장
호승」을 지은 듯하다. 한유가 불교를 배척하는 내용의 상소를 올리고, 그
때문에 潮州刺史로 좌천되었을 때 그곳의 승려인 太顚과 교유하였다고
한다. 그러자 사람들이 모두 의아하게 생각하니, 한유는 태전이 승려이
기 때문에 사귄 것이 아니라 그에게 도풍이 있어서라고 말하였다는 것이
다.11)

근재가 말한 '스님을 좋아하는 참뜻'은 한유가 말한 대로 불승이기 때
문이 아니라 도풍을 지녔기에 좋아한다는 의미일 듯하다. 즉, 근재는 이

---

11) 趙翼, 『甌北詩話』, 권3, 『古今詩話叢編』, 台北, 廣文書局, 1971. "昌黎以道自任
因孟子距楊墨 故終身亦闢佛老 …… 諫佛骨一表 尤見生平定力 然平日所往來
又多二氏之人 如送張道士有詩 送惠師靈師澄觀文暢大顚 皆有詩文 或疑其交
遊 無檢與平日持論 互異不知 昌黎正欲借此 以暢其議論 如謝自然白日昇天
則歎其爲妖魅所惑 化爲異物 …… 惟於大顚無貶詞 則以其頗聰明識道理."

점에서 한유와 같은 견해를 가졌다고 하겠다. 이에 비해 가정은 한유의 옛일을 염두에 두었으면서도 한유와 견해를 함께 하지는 않았다. 다락에 올라 승려를 부른 것은 그 중이 태전과 같은 도풍이 있어서가 아니라 다만 서로 상대할 사람이 없어 심심하였기 때문이라고 한 데서 그러한 태도를 확인할 수 있다.

근재와 가정의 「격장호승」 전반부를 미루어 보면, 삼척 고을에 있는 객관과 절이 담을 사이에 두고 인접하여 있었던 모양이다. '담 넘어 선방'이나 '겨우 벽을 격한 객관과 승방'이 그런 사정을 말해 준다. 같은 광경을 두고 두 사람이 각기 시의 전반부를 지었으면서도 표현된 상황은 달리 느껴진다. 근재는 객관의 다락이 물가에 임하였고 선방은 바위에 기댔다고 함으로써 인접한 객관과 선방이 서로 거리를 둔 듯이 말하였다. 반면에 가정은 객관과 승방이 겨우 벽 하나 사이라고 하여 양자 사이의 거리감을 거의 느끼지 못하도록 하였다. 뿐만 아니라, 꽃과 대나무가 다같이 떨기를 이루었다고 함으로써 뜰 과 창 사이에도 거리를 느낄 수 없게 하였다.

이러한 배경 묘사의 차이 또한 승려에 대한 작자 두 사람의 태도와 무관하지 않은 듯하다. 근재는 한유처럼 '스님을 좋아하는 참뜻'을 아는 사람이 없다고 생각하였기에 객관과 선방 사이에 거리가 있는 듯이 느끼지 않았을까 싶다. 이에 비해 가정은 승려가 일반 사람들과 다를 게 없다고 여겼기에 객관과 승방 사이에 거리감을 거의 느끼지 못한 것이라 생각된다. 시의 문면으로 보아, 가정으로서는 승려가 아니었다 해도 불렀을 것이고, 근재는 시의 표제와는 다르게 승려를 부른다는 말 대신 차 달이는 연기가 나부끼는 모습만을 그리고 말았다.

제정의 경우는 시의 전반부에서 배경 묘사 대신 승려와 작자 자신의 뚜렷이 다른 점을 강조하였다. 선승은 잣나무에 참례한 데 비해 나그네인 작자는 꽃떨기를 대하였다는 것이 강조한 구체적 차이다. 達磨祖師가 서쪽 인도로부터 중국에 온 까닭을 學僧이 물었을 때, 趙州 從諗이 '뜰 앞의 잣나무[庭前栢子樹]'라고 대답하였다는 선문답은 널리 알려진 바다. 즉 선승은 話頭를 통해 깨침을 얻으려 하는데, 속인인 작자는 꽃을 완상하는 것으로 대조를 해 놓은 것이다. 聖과 俗의 대조라고 하겠다.

그러나 이 시의 후반부를 보면 성과 속이 다를 게 없다는 생각을 나타냈다. 죽서루 아래로 흐르는 서강을 비추는 달빛을 받으며 선승은 나그네인 작자를 부르고 작자는 선승을 불러 함께 취하자고 한 말에서 그러한 생각을 엿볼 수 있다. 먼지떨이를 휘두르는 것만이 대단한 게 아니라고 한 마지막 대목 또한 그러한 생각을 거듭 강조하여 나타낸 말이다. 먼지떨이[拂塵]라는 것은 승려들이 속세의 티끌을 떨어낸다는 상징적인 의미로 지니는 기구다. 작자는 속세의 티끌을 떨어버리는 것만이 대단한 일이 아니라, 속인과 더불어 취하는 것도 대단한 일이라는 생각을 시의 후반부에서 주장한 셈이다.

3. 士大夫意識과 「三陟西樓八詠」詩

근재·가정·제정은 모두 고려 후기의 대표적인 신흥사대부들이다. 근재의 가문은 조부인 希諝에 이르기까지 대대로 順興의 戶長을 지냈고, 근재의 부친인 碩은 縣吏로서 과거에 급제하였으나 벼슬길에 나서지 않았다. 근재에 이르러 과거를 통해 중앙정계로 발신하였으니, 향리 가문 출신으로 중앙에 진출한 전형적인 예라고 하겠다.12) 가정의 선대 역시 韓山의 호장직을 세습하여 오다가 가정의 부친인 自成이 비로소 群吏에서 발신하여 井邑監務를 지냈다고 한다.13)

제정의 가문은 경주이씨로 고조부인 得堅에 이르기까지 향리직인 軍尹·甫尹·直長同正 등을 이어받다가 증조부인 翩이 중앙정계로 진출하여 僉議評理를 역임하였다. 제정의 조부인 世基는 益齋 李齊賢의 부친인 瑱과 형제간으로 벼슬이 密直副使에 이르렀다.14) 익재는 제정의 당숙이 되는 셈이다. 근재나 가정의 가문에 비해 조금 이른 시기에 중앙조정으로 발신한 가문에서 태어났으나, 제정 또한 신흥사대부 출신임을 부인할 수는 없다.

근재는 「竹溪別曲」에서 원나라와 고려 두 나라에서 과거에 급제한 사실을 자랑스럽게 노래하였으나 원나라에 오래 머물지 않고 주로 국내에서 활동하였다. 자신의 대에 이르러 처음 중앙정계로 발신한 영광을 노래하는 한편, 그의 고향인 순흥의 명승 죽계를 자랑하기도 하였다. 江陵道存撫使로 나가 있던 동안에는 관동지방의 아름다운 경치를 노래에 담았으니, 「關東別曲」이 그것이다.

그 무렵(1331년 7월경)에 삼척에 이르러 지은 것이 근재의 「삼척서루팔영」시다. 따라서 근재의 이 시는 관념적인 산수를 그린 것이 아니라 실제로 가본 곳의 산수와 인정풍물을 읊은 것이다. 그런 까닭에 이 시에

---

12) 拙著, 『高麗後期士大夫文學의 硏究』, 祥明女大 出版部, 1991, 50-52쪽.
13) 李樹健, 『韓國中世社會史硏究』, 一潮閣, 1985, 291쪽.
14) 같은 책, 304쪽.

는 단순히 산수경치의 묘사보다는 자연의 사물에 대한 관심, 농촌 사람들의 생동하는 삶의 모습, 세상살이에서 느낀 이러저러한 감회 등이 담겨 있다. 이러한 현상은 그가 고향의 산수나 조국의 승경에 대해 자부심을 가졌거나 애정을 쏟고 있었음을 말해주는 것이라 할 수 있다. 다음의 글에 근재의 그러한 생각이 한층 구체적으로 드러나 있다.

> 우리 興州에 있는 靈龜山 宿水樓는 그 풍치가 팔경에 뒤지지 않는데도 빼놓고 읊지 않으니 몹시 괴이쩍다. 내 사위 鄭生으로 하여금 절구 한 수를 짓게 하여 책 끝에 써서 내 고향 산수의 부끄러움을 씻는다.[15)]
>
> 근자에 起居注 李公이 중국에서 과거에 급제하여 돌아오니 사대부들이 시를 지어 주었다. 각기 三韓의 기이한 자취를 점하여 제목을 삼으니 말의 뜻이 같지 않아 참으로 기발한 작품이 되었다. 우리들이 삼가 그 체를 본받아 각각 동남의 팔경을 절구 한 편씩으로 짓는다.[16)]

앞의 글에서 근재는 당시의 문인들이 고려의 승경을 소재로 하여 팔경시를 다수 지었던 사정을 밝히면서, 자기 고향의 산수에 대한 자부심을 아울러 나타냈다. 뒤의 글에서는 사대부들이 고려의 기이한 자취를 대상으로 시를 지은 까닭에 표현과 내용이 진부하지 않고 참신하다고 하였다.

인용한 글의 앞 대목에서 "白公이 東韓 지방의 수령으로 온 것은 두

---

15) 안축, 「靈龜山宿水樓詩序」, 앞의 책, 권2. "吾興州所有靈龜山宿水樓 其風致不居八景之後 而漏而不賦 余甚怪焉 使家贅鄭生賦一絶 書于卷末 以雪吾鄕山水之恥."
16) 같은 책, 같은 곳. 「白文寶按部上謠八首幷序」. "近者起居注李公 自中朝登第而還 士夫賦詩贈行 各占三韓異蹟爲題 語意不類 眞奇作也 僕等謹效其體 各賦東南八景一絶."

번째다. 시골 선생이 생도들을 이끌고 와서 시를 지어 바치니 배우는 자들이 숭상하였다. 그러나 전대의 작품을 보고 진부한 말들을 답습하여 능히 新意를 표출하지 못하였으므로 하나도 볼 만한 게 없었다.”17)고 하여, 사대부들이 지은 팔경시가 남달리 참신한 점이 있음을 지적하였다.

가정의 경우에도 한산의 吏族에서 부친의 대에 이르러 발신한 데 대한 자부심이 있었을 듯하다. 뿐만 아니라, 가정 역시 원나라 制科에 급제하여 그곳에서 벼슬할 때 문장이 엄하고 뜻이 깊으며, 품격 또한 전아하고 높아 감히 외국인으로 대우를 하지 못하였다고 한다.18) 문장에 뛰어난 그가 당시 유행하였던 소상팔경을 시로 지었을 법하나, 팔경을 그린 것으로 오늘날 전하는 그의 작품은 「삼척서루팔영」시와 鄭誧(1309-1345)의 巫山一段雲調 「蔚州八詠」을 차운한 것뿐이다.19)

詞曲體의 長短句로 지은 「울주팔영」은 「삼척서루팔영」과 마찬가지로 이 땅인 오늘날의 울산지방의 승경을 두고 읊은 것이다. 이와 같은 자료로 미루어 가정 역시 조국의 산수에 대한 애정을 지녔었음을 알 수 있다. 이러한 사실은 그의 아들인 牧隱 李穡(1328-1396)의 글을 통해 뒷받침될 수 있다. 목은의 글에 의하면, 조국의 산수에 대한 애정은 우선 고향에 대한 자부심으로 나타남을 보게 된다.

---

17) 같은 글. “按部之行東韓 重臨境也 鄕先生率生徒 述獻詩 啓者尙矣 然閱前代之 作 皆蹈襲陳言 而不能表出新意 故皆不足觀也.”
18) 『高麗史』, 권109. “穀與中朝文士交遊 講劘所造益深 爲文章操筆立成 辭嚴義 奧 典雅高古 不敢以外國人視也.”
19) 『가정집』, 권20에 실려 있다.

우리 집이 있는 한산은 비록 작은 고을이나, 우리 부자가 중국의 과거에 급제함으로써 천하가 동국에 한산이 있다는 것을 다 알게 되었다. 그런 즉, 그 빼어난 경치를 노래로 지어 전파하지 않을 수 없는 까닭에 팔영시를 짓는다.[20]

寧海府는 나의 외가다. 「觀魚臺小賦」를 지어 중원에 전해지기를 바랄 뿐이다.[21]

앞의 글에서는 가정과 목은 부자가 모두 원나라의 제과에 급제한 사실을 자랑하면서, 그들의 고향인 한산이 천하에 알려졌음을 말하였다. 한산이 천하에 알려졌기에 그곳의 승경을 노래로 지어 마저 알리지 않을 수 없다는 말로 뒤를 이었다. 뒤에 인용한 글을 통해 볼 때, 영해는 가정의 처가가 있는 고장이자 목은의 외가가 있는 곳이기도 하다. 영해의 동해변에 임한 관어대의 경관을 읊어 중국에 전해지기를 바란다는 말에는 문장력에 대한 자부심과 함께 국토에 대한 애정이 서려 있다.

가정이 남긴 관동지방의 기행문 「東遊記」에 의하면, 그는 1349년(충정왕1) 9월 12일에 삼척을 찾아갔다. 그의 「삼척서루팔영」은 이때 지은 것임을 알 수 있다.[22] 가정도 근재와 마찬가지로 관념적인 산수를 그린 것이 아니라 실제로 가본 곳의 산수와 인정풍물을 읊었던 것이다.

일찍이 향리로부터 발신한 가문에 태어난 제정은 중국의 과거에 응시한 사실도 없고 원나라에 왕래하였다는 기록도 남아 전하는 것이 없다.

---

20) 이색, 「韓山八詠序」, 『牧隱詩藁』, 권3. "吾家韓山雖小邑 以予父子 登科中國 天下皆知東國之有韓山也 則其勝覽 不可不播之歌章 故作八詠云."
21) 같은 책, 권1. 「觀魚臺小賦」. "府吾外家也 爲作小賦 庶幾傳之中原耳."
22) 이곡, 「東遊記」, 앞의 책, 권5. "十二日宿三陟縣 明日登西樓 縱觀所謂五十川八詠者."

특별히 관동지방을 유람하거나 외직을 그곳에서 하였다는 기록도 없다.
다만 관동지방의 하나인 오늘날의 襄陽에 이르러 지은 시23)에서 그가
실제로 관동지방에 갔었음을 확인할 수 있다. 그 시기 역시 정확하게 고
찰할 만한 자료가 전하지 않으나, 대개 그가 노경에 이르렀을 때가 아닌
가 싶다.

오늘날 남아 전하는 기록에 따르면, 그가 마지막으로 받은 벼슬은
1367년(공민왕16) 7월의 鷄林尹이다.24) 그 후, 辛旽에게 미움을 받아
파직되었다가 1371년 신돈이 주살 당한 후 다시 복직된 듯하다.25) 이후
타계하기까지 10여 연간의 행적은 불분명하다. 1373년경에는 벼슬을 버
리고 산 속에 들어가 있었음을 말해주는 기록이 남아 있을 뿐이다.26) 그
리고 「偶成」이라는 제목의 시에는 노경에 타향을 떠돌아 다녔음을 알려
주는 대목이 있다.27) 그의 「삼척서루팔영」은 이 무렵에 지은 것으로 추
측된다.

다만 記라는 것은 그 일을 기록하는 것인데, 내가 일찍이 이 다락에 올라서
그 지은 제도가 어떠하다는 것을 보지 못하였으니, 어찌 억측하여 글을 지을
수 있겠는가.28)

---

23) 이달충, 「次襄州客舍韻」, 앞의 책, 권1에 "此樓風景僅瞻前 往來登臨又一年."이
라고 하였다.
24) 같은 책, 권2. 「鷄林赴任後再辭表」에 "至正丁未秋七月 命臣出鷄林."라고 하였다.
25) 『고려사』, 권120. "達衷嘗於廣坐 謂旽曰 人謂相公好酒色 旽不悅 未幾見罷 及
旽伏誅 … 後拜鷄林府尹."
26) 이달충, 「題金按廉詩卷後跋」, 앞의 책, 권3. "余於癸丑秋 來自山中 友人金君敬
之 嘗訪旅寓."
27) 같은 책, 권1. 「偶成」. "松京渺渺道途賖 流落他鄕鬢易華 … 回頭往事渾如許 屈
指餘生也不多."
28) 같은 책, 권3. 「全州觀風樓記」. "但所謂記者 記其事也 予未嘗登是樓 觀其創制

위의 글은 제정이 처음 계림윤으로 나가던 해에 全州牧使가 된 韓系祥이 전주 관사 북쪽에 있는 綠筠軒을 헐고 觀風樓를 짓자 그 記文으로 써 주면서 그 가운데 한 말이다. 이 글에 드러나 있는 제정의 생각은 일의 전말을 올바로 알지 못하거나 실제로 가보고 확인하지 않고서는 어떠한 글도 쓸 수 없다는 것이다. 이것으로 미루어 그가 죽서루의 팔경을 실제로 가보지 않고 「삼척서루팔영」을 짓지는 않았으리라는 것을 알 수 있다.

제정의 경우, 고향이나 국토의 산수에 대한 애정을 특별히 언급한 사실은 발견할 수 없다. 그러나 그의 「삼척서루팔영」에서는 농촌생활에 대한 관심을 나타내는 작품과 세상살이에서 느낀 이러저러한 감회를 담고 있는 작품을 다수 볼 수 있다. 그러한 현상 역시 그가 관념적인 산수를 읊은 것이 아니라 실제로 보고 겪은 사실과 체험에서 우러나온 정감을 시로 나타냈기 때문이라고 하겠다. 이 땅의 승경에 대한 자부심을 직접 드러내지는 않았으나, 국토의 자연과 현실을 애정 어린 눈으로 바라볼 수 있었기에 이러한 작품의 제작이 가능하였을 것이다.

4. 마무리

고려 후기에 등장한 신흥사대부들은 그 출신 배경이 대체로 지방의 중소지주이자 향리 가문이라는 공통점이 있다. 그들은 고려 전기의 문벌귀족이나 고려 후기의 권문세족과는 달리 자연의 사물을 관념적 유희의 대

之何如 豈可臆而文之乎.”

상으로 보지 않았다. 자연물을 인간의 실생활과 관련지어 보고자 하였고, 사물을 객관적·체험적으로 인식하고자 하였다. 또한 그들은 지방에 그 경제적 기반을 두고 있었기에 농촌의 생활을 농민들의 처지에서 이해할 수 있었던 것이다.

뿐만 아니라, 왕조 말기의 혼란 속에서 새로운 지배층으로 등장하고 보니 권문세족과의 마찰, 비리의 횡행 등을 겪고 보면서 자주 갈등을 느꼈던 듯하다. 그들은 신유학의 교양을 쌓은 이들로 오래도록 기득권을 누려온 불교와도 타협을 이룰 수는 없었을 것이다. 이러한 그들의 처지와 성향이 「삼척서루팔영」의 시 세계를 이루고 있다고 할 수 있다. 그리고 그러한 시 세계의 바탕에는 고려의 자연과 현실에 대해 강한 애정을 가졌던 사대부들의 의식이 깔려 있음을 부인할 수는 없다.

이 글은 고려 후기 가운데서도 특정의 시기·인물·작품에 한정된 논의라는 점이 한계로 지적될 수 있다. 이른바 팔영체 시는 「삼척서루팔영」 이전에도 상당량이 제작되었고, 그 이후로는 조선조 초기 동안 줄기차게 나타나고 있다. 초기작이라고 할 수 있는 무신집권기의 팔영체 시는 작자에 따라 어느 정도 작품세계가 다르다는 것이 필자의 생각이다. 고려 말의 작품으로도 익재의 장단구 「松都八景」, 가정의 장단구 「울주팔영」, 목은의 「한산팔영」과 「金沙八詠」 등은 이 글에서 얻은 결론과 견주어 살필 필요가 있다.

조선조에 이르면 安魯生(고려말-태종조)의 「寧海十二詠」, 鄭以吾 (1354-1434)의 「南山十詠」, 鄭道傳(1342-1398)의 「新都八景」, 徐居正 (1420-1488)의 「平海八詠」·「密陽十景」·「公州十景」·「漢都十詠」, 李承召(1422-1484)와 姜希孟(1424-1483)의 「한도십영」, 李叔瑊(예종조)과

任元濬(1423-1500)의 「溫陽八詠」, 金宗直(1431-1492)의 「慶州七詠」·「善山十絶」·「羅州十二詠」, 曺偉(1454-1503)의 「平壤八詠」·「鷄林八觀」, 李荇(1478-1534)과 崔叔生(1457-1520)의 「巨濟十詠」 등, 이 땅의 승경을 대상으로 한 작품들이 줄을 잇는다.29) 이들이 고려 후기의 팔영체 시를 어떻게 계승하고 있으며, 그 변화의 양상과 요인이 무엇인가 하는 것이 남은 과제다.

---

29) 이들과는 달리, 조선조 초기에 소상팔경을 상상하며 지은 작품도 상당수에 이른다. 이들에 대해서는 任昌淳, 「匪懈堂瀟湘八景詩帖解說」, 『泰東古典研究』5, 泰東古典研究會, 1989. 참조

麗鮮朝 詩文에 나타난 留衣故事

1. 머리글

중국 廣東省 동남부의 潮州는 唐代 韓愈(768-824)의 左遷地로 널리 알려진 곳이면서 조선시대 상당수의 우리 詩文과도 관련이 깊은 곳이다. 당나라에서는 30년마다 한 차례씩 法門寺의 탑에 보관하던 佛骨(부처의 손가락뼈)을 공개하여 백성들의 평안과 풍년을 기원하곤 하였다. 憲宗이 元和 14년(819) 행사 때 이를 궁궐 안에 영입하여 사흘 동안 봉양하자, 상하 관료들은 물론 일반 백성들까지 이 일에 골몰하는 사태가 벌어졌다. 당시 刑部侍郞으로 있던 한유는 <佛骨表>를 지어 올렸고, 이 상소문이 헌종의 逆鱗을 건드려 마침내 潮州刺史로 좌천되었던 것이다. 그 해 4월 조주에 부임한 한유는 10월에 袁州刺史로 발령 나기까지 사이에 太顚(732-824)이라는 승려와 交遊를 하였고 작별을 할 때는 자신의 의복을 남겨주었다고 한다.

조주에 있을 때에 태전이라는 노승 한 분이 계셨는데, 자못 총명하고 도리를 알았습니다. 먼 곳이어서 함께 대화를 할 상대가 없는지라 산에 있는 그를 고을로 불러 10여 일을 머물게 하였습니다. … 그와 더불어 이야기를 하다 보면 비록 다 이해할 수는 없었으나 가슴속에서 요점이 막히지 않고 나왔습니다. 그래서 얻기 드문 일이라고 생각하여 왕래하게 되었습니다. 바닷가에 제사를 지내러 갔다가 그의 거처를 찾아가기도 하였습니다. 이곳 원주로 떠나오게 되어 의복을 남겨주고 이별하였는데, 그것은 사람 사이의 정 때문이지 그의 불법을 받들어 믿거나 복과 이익을 얻기 위해서는 아니었습니다.[1]

이러한 僧俗間의 交遊, 그 가운데서도 文士와 僧侶間의 교유[2]에 대한 故事逸話는 일찍이 東晉時代 詩人 陶淵明과 東林寺 승려 慧遠·道士 陸修靜 사이의 虎溪三笑[3]로부터 비롯되었다고 할 수 있다. 이들은 당시 儒·佛·道의 각기 다른 사상을 대표하는 인물이면서도 그들의 교유를 통해 萬法歸一을 상징적으로 보여주고 있다. 그러나 한유의 경우, 자신이 그토록 꺼려했던 불교의 司祭인 태전과 교유를 하였고 작별에 임해서는 자신이 입던 옷을 그에게 남겨주었음에도 불구하고 위의 인용문에서 볼 수 있듯이 '사람 사이의 정 때문'이라고 함으로써 호계삼소 고사와는 다른 분위기를 후세에 전해주었다.

---

1) 韓愈, 「與孟尙書書」『韓昌黎全集』권18., 台北:新文豊出版公司, 1977, 제2책 161쪽. "潮州時 有一老僧 號大顚 頗聰明 識道理 遠地無可與語者 故自山召至州郭 留十數日 … 與之語 雖不盡解 要自胸中無滯礙 以爲難得 因與來往 及祭神至海上 遂造其廬 及來袁州 留衣服爲別 乃人之情 非崇信其法 求福田利益也."

2) 이를 方外神交(趙宗著,「答性聰書」,『南岳集』권4), 托交方外(任弘亮,「關東紀行」,『敝帚遺稿』권3), 方外之交(任埅,「與明眼上人書」,『水村集』권8)라고 한 바 있다.

3) 이 고사는 宋代 陳聖兪의 「廬山記」로부터 널리 알려졌고, 文人畵의 주요 畵題가 되기도 하였다.

이로 인해 이 땅의 문사들도 시문을 통해 한유가 처하였던 입장을 자기 나름대로 해석하기도 하고, 승려와 교유하고 있는 자신의 입장을 시에서는 用事를 통해 比喩하였으며, 산문에서는 典據로 내세우기도 하였다. 혹자는 불교에 대하여 友好的인 입장을 또 다른 이는 排佛의 입장을 용사와 전거로 나타내기도 하였다. 이들 자료를 각기 나타나 있는 樣相別로 考察해보고, 그 문학적 의미에 대해서도 살펴보고자 하는 것이 이 글의 목적이다. 다만, 고려중기 이전에는 이 글의 주제와 관련되는 자료가 많지 않으므로 고려후기와 조선시대의 문집으로 자료를 한정하여 논하고자 한다.

2. 文士・僧侶間 交遊 比喩

한유와 태전의 고사로 문사와 승려간의 교유, 즉 方外之交를 나타낸 글은 詩文에 두루 보이지만 특히 시에 많은 편이다.

> 그대 보지 못했는가, 당나라 때
> 한유와 태전이 일찍이 사귀었던 것을.
> 천년이 지난 지금까지도
> 어제 일인 듯 전하고 있네.
> 본심만 잘 추슬러 잃지 않는다면
> 선비와 스님이 사귄들 그 어떠하리.

君不見有唐韓夫子嘗與太顚一相從 至今千載傳無瑕 操得本心不自

失 儒與釋交其乃何[4]

尹祥(1373-1455)이 더운 여름날 어느 승려로부터 부채를 선물 받고 쓴 시다. 자신과 그 승려와의 교유를 한유와 태전의 고사에 빗대어 표현하였다. 고사에서는 문사가 승려에게 옷을 선물하였는데, 이 시에서는 승려가 문사에게 부채를 선물한 것으로 바뀌었으나 달라진 것은 없다. 마무리를 儒釋相交가 무슨 문제가 있느냐고 하지 않았는가.

혜원 스님 백련사를 결성하여

풍류시인 도연명을 끌어들였지.

조주에선 태전 스님에게 한퇴지가

옷을 선물하고 바닷가에서 작별했다네.

즐거워라 이고는 약산을 만나 쥐구멍을 찾았으니[5],

동조하든 막역함을 논하든 다 쓸데없는 일.

아득히 천 년 전 선철들을 그리워하노라니,

남기신 풍모가 늠름하여 나약한 자를 일으켜 세워주네.

---

4) 尹祥, 「謝僧惠扇」의 일부, 『別洞集』 권1.
5) 한유의 문인이었던 李翶(?-844) 또한 불교에 대해서는 비판적이었다. 그가 藥山惟儼(751-834)을 찾아갔다가 승복한 일은 『傳燈錄』類를 통해 널리 알려져 있다. 이고가 유엄선사에게 절을 하자 유엄은 앉아 있기만 하고 인사를 받지 않았다. 그러자 이고가 말했다. "눈으로 보니 듣던 것과는 딴 판이오." 멀리서 들을 때는 도통한 스님이라 해서 찾아왔는데, 직접 보니 한낱 하찮은 늙은이에 불과하다는 조롱의 말이었다. 이 말을 들은 유엄은 껄껄 웃으며 대답했다. "그대는 어찌 귀는 그렇게 중히 여기고, 눈은 그리도 천하게 여기시오?" 자신의 잘못을 깨달은 이고가 옷깃을 여미고 다시 절을 하자 유엄은 후원에서 물을 길어 병에 담아 바위에 앉았다. 그때 이고가 다짜고짜 물었다. "어떤 것이 道입니까?" 유엄은 한 손가락으로 하늘에 떠가는 구름을 가리키더니 다시 병에 길어온 물을 가리켰다. 이고가 영문을 묻자 유엄이 대답했다. "구름은 저 푸른 하늘에 있고 물은 이 병에 있소 (雲在靑天水在瓶)"

遠公結社白蓮中 引得風流陶康節 潮洲又有太顚僧 吏部留衣海上別
樂夫鳥窶李翶藥 不必同調論莫逆 悠悠千載慕前哲 遺風凜凜猶儒
立6)

위의 시는 金守溫(1410-1481)이 學祖上人이라는 승려의 詩卷에 부쳐준 시다. 김수온도 자신과 학조상인과의 교유를 혜원과 도연명, 한퇴지와 태전, 이고와 약산이 교유한 옛일에 빗대어 표현하였다. 김수온은 문사가 승려의 佛法에 동조하였든 문사와 승려가 그저 막역하게 교유만 하였든 그런 것을 따지는 것이 무슨 소용인가 라고 묻고 있다. 도연명과 한퇴지는 승려와 막역하게 교유한 예로, 이고는 약산으로 인해 불법에 동조한 예로 들고 있다.

패옥과 의복이 어쩌면 그리 찬란한가,
바닷가서 만날 줄은 기약조차 못 했었네.
토산물로 옷을 남긴 신의를 표하나니,
이슬 내리고 가을바람 불어 석별하는 때이네.

霞佩雲裳何陸離 相逢海外豈曾期 土宜聊表留衣信 玉露金風惜別時7)

위의 시는 1590년(선조23) 通信副使로 金誠一(1538-1593)이 일본에 갔을 때 그곳 摠見院의 장로인 玉甫의 시에 차운한 절구 2수 가운데 두 번째 것이다. 문사인 김성일이 섬나라인 일본의 바닷가에서 승려인 옥보

---

6) 金守溫, 「題學祖上人詩卷」의 일부, 『拭疣集』 권4.
7) 金誠一, 「次摠見院僧玉甫韻」, 『鶴峰逸稿』 권2.

를 만나 교유하다가, 석별에 임하여는 한유처럼 옷을 남기는 대신 조선의 토산인 黃布를 옥보에게 주었다는 것이다. 자신과 옥보의 교유를 한유와 태전의 고사에 빗대어 표현하고 있음을 알 수 있다. 이렇듯 일본에 통신사로 가서 그곳의 승려와 교유하다가 이별하는 자리에서 한유의 고사에 빗대어 시를 지어 준 예는 南龍翼(1628-1692)에게서도 발견된다.

보배 뗏목은 가섭을 우러르는데,
절에서 밀물 같은 범패 소리를 듣네.
마음에 어찌 간격이 있으랴,
시는 곧 태전과 삼료로세.
기운이 활달하매 봉우리가 걸림이 없고,
이야기가 청아하니 더위가 덤비지 못하네.
나의 가는 길이 고해로 아득하니,
피안에 돛대를 멈추리라.

寶筏瞻迦葉　琳筵聽唄潮　襟期寧楚越　韻語卽顚寥
氣豁峯無礙　談淸暑不驕　吾行迷苦海　彼岸可停撓8)

남용익은 1655년(효종6) 4월에 일본으로 가는 통신사 서장관에 임명되어 6월초에 부산항을 출발하였다. 이듬해 2월에 귀국하기까지 일본에서 지내는 동안 中達과 紹柏이라는 승려의 안내를 받고 시를 화답하기도 하였다. 위의 시는 남용익이 중달이라는 승려에게 지어준 시다. 頷聯의 顚寥는 太顚과 參寥를 가리킨다. 삼료 또한 北宋의 문사인 蘇軾과

---

8) 南龍翼, 「達柏兩僧同行屢日　要得一語　各贈短律」, 『壺谷集』 권11. 扶桑錄.

교유하였던 詩僧이다.

> 세상일로 늙어 가며 피곤한 채로 미적미적
> 돌아간들 문 닫고서 드러누울 집이나 있나.
> 길만 바쁘게 쏘다니다 어느새 저문 세월이요,
> 성곽을 다시 찾았어도 옛사람들은 아니더라.
> 머리 기른 스님과 우연히 지팡이 함께 짚고
> 절간의 뜰을 밟아 본 게 정말 얼마 만이던가.
> 그대들 사제 간의 후한 대접을 받았는데,
> 졸렬한 시가 어떻게 태전에게 준 옷을 당하리오.

> 老於供世疲依違 歸又無家堪掩扉 一在道塗歲月暮 重遊城郭人民非
> 髮僧杖屨不期共 蕭寺房櫳曾見稀 時汝師生厚意足 惡詩得當留顚衣[9]

崔岦(1539-1612)이 戒澄 장로의 제자인 雪英의 詩卷에 부쳐준 시다. 작자가 계징과 설영, 師弟 사이인 두 승려의 후한 대접을 받고 그 고마움을 시로 표현한 것이다. 자신의 시를 惡詩라고 한 것은 謙辭일 테고, 작자와 두 승려 사이의 교유를 태전에게 옷을 남겨 준 한유의 고사에 빗대어 나타낸 것이다.

> 바닷가에 위치한 그윽한 관음굴,
> 천년토록 내려온 외로운 낙산사.
> 한퇴지가 벗한 태전은 전생의 그대요,
> 한퇴지 그는 바로 후생의 나라네.

---

9) 崔岦, 「雪英卷 澄之弟子」, 『簡易集』 권8. 西都錄前.

불경 소린 밤새도록 놀라게 하고,
바다의 파도는 새벽에 몰려오네.
서로 일출을 보기로 약속했으니,
하늘이 맑은지 여부를 묻노라.

海上觀音窟　千年洛寺孤　顚公前世爾　韓子後生吾
禪梵通宵警　溟濤入曉驅　相期看日出　天色問晴無[10]

　　兪棨(1607-1664)가 낙산사의 승려인 도인에게 지어 준 시다. 이 시에
서는 태전을 도인의 전생으로, 한유는 유계 자신의 전생으로 진술함으로
써 도인과의 교유를 한유와 태전의 고사에 빗대었다. 이 시는 李裕元
(1814-1888)의 『林下筆記』 권37에도 소개되어 있다. 이밖에도 한유와
태전의 고사를 시에서 用事를 통해 비유한 사례는 상당수에 이른다. 다
음으로는 산문에서 方外之交의 典據로 한유의 고사를 든 사례를 보기
로 하자.

　　예전에 한유는 조주에 좌천되었을 때 태전을 만나 기쁘게 사귀다가 그에게
옷을 남겨 주었다고 한다. 이를 일찍이 나는 개인적으로 괴이하다고 여겼었다.
이제 내가 성철 상인을 유배지인 영천에서 만나보니 겉모습은 파리하였으나 정
신세계는 기름져서 담론이 총명하고 슬기로웠다. 비록 서로의 도에 도움이 될
수는 없었으나 객지에서의 번민을 달래기에는 충분하였다. 하물며 멀리 귀양
온 처지에 세상의 권세를 잊은 승려가 아니라면 누가 기꺼이 내게 말을 붙이고
교유해 주겠는가. 이로써 한유와 태전의 기꺼운 사귐은 필시 구차하지 않았다

---

10) 兪棨, 「洛山寺 贈僧道仁」, 『市南集』 권2.

는 것을 알게 되었다. 나와 성철 상인의 사귐이 어찌 쓸데없는 일이랴!11)

柳方善(1388-1443)은 1409년(태종9) 아버지가 閔無咎의 옥사에 관련된 것으로 연좌되어 淸州로 유배되었다가 이듬해에 永川에 이배되었다. 1415년에 풀려난 그는 原州에서 지내던 중 참소로 인하여 다시 영천에 유배되어 1427년(세종9)에야 풀려났다. 그가 영천에 머물고 있던 1417년 여름, 公山 道上人의 소개로 性哲이라는 승려를 만나게 되었다. 인용한 것은 성철 상인이 선산이 있는 密陽으로 떠날 때 써준 글의 일부다. 유방선은 처음에 한유와 태전의 사귐을 괴이하게 여겼으나, 성철과의 교유를 통해 方外之交도 구차한 것이 아님을 알게 되었다는 것이다.

이제 자징 스님을 만나보니 사람됨이 편안하고 자상하며 온화하였다. 그가 쓴 글은 마치 문사들이 쓴 것과 같아 조금도 불교도의 느낌이 나지 않았다. 대개 불심에 자취를 둔 선비라고나 할까. 겉모습을 벗어나서 막힌 것이 없다고 여겨 방외의 사귐을 가지니 서로 함께 하는 뜻이 태전에게 있어서 한창려일 뿐만 아니라 여만에게 있어서 백향산이기도 하였다.12)

숙종 때의 문사인 任弘亮(1634-1707)이 50여 일 동안 관동지방의 명승고적을 두루 유람하면서 그때그때의 감회를 시문으로 나타낸 「關東

---

11) 柳方善,「送性哲上人歸密陽府拜掃詩序」,『泰齋集』권4. "昔韓愈氏於潮州 得太顚而悅之 至留衣以與之 余嘗私竊怪焉 今余得哲於永 形癯神腴 談論聰慧 雖道不能相益 亦足以慰旅寓之幽悶也 況於流離遷謫間 苟非山人之忘勢者 孰肯相問而與遊乎 是知愈之悅太顚必不苟 而余之得哲 夫豈徒哉!"
12) 任弘亮,「關東紀行」,『敝帚遺稿』권3. 雜著. "今逢澄師 其爲人安詳溫雅 發而爲文辭者 有同騷家者流 少無伊蒲塞氣味 盖迹佛心儒者也 以爲外形骸無滯礙 托交方外 相與之意 不啻昌黎之於太顚 香山之於如滿也."

紀行」의 일부다. 작자가 금강산 유점사에 이르러 전날 발연에서 소문으로 들었던 승려 自澄을 만난 所懷를 기록한 대목이다. 자신과 자징을 한유와 태전뿐만 아니라 白居易가 함께 香火社를 결성하여 교유하였던 如滿과의 방외지교에도 비유한 것을 볼 수 있다.

문사와 승려 사이의 교유에 대한 시문의 용사와 전거는 한유와 태전의 고사에서 약간 변형된 모습을 보이기도 하였다. 아래 崔溥(1454-1504)의 「漂海錄」에서 그러한 변형을 확인할 수 있다.

> 12일 항주에 있었음. 이날은 맑았습니다. 신은 정보 등에게 이르기를,
>
> "고벽이 성심껏 나를 대접하여 무릇 보고 듣는 바를 죄다 알려 주고 숨김이 없어서, 나로 하여금 미혹되지 않도록 하니, 은정이 매우 두텁네. 선물로 정을 표하고자 해도 돌아보니, 내 행장에는 사소한 물건 한 가지도 챙겨 둔 것이 없고, 있는 것이라곤 다만 이 옷뿐이니 내가 옷을 벗어서 주고자 하네."
>
> 하니, 정보 등이 말하기를,
>
> "전에 옷 한 벌을 벗어 허 천호에게 주었는데, 오늘 또 옷을 벗어 고공에게 준다면 다만 입고 계신 옷 한 벌뿐인데, 머나먼 만 리 길에 옷이 해지면 누가 고쳐 만들겠습니까?"
>
> 하므로, 신은 말하기를,
>
> "옛날 사람에 옷 한 벌로 30년을 입은 이가 있었는데, 내가 다른 타향에서 나그네 노릇 한 것은 다만 1년 동안 뿐이고, 지금 날씨가 점차 따뜻해지니, 한 벌 베옷으로도 감당할 수가 있겠네. 또 뱀이나 물고기도 받은 은혜에 감격하여 이를 갚는다던데, 하물며 사람이겠는가?"
>
> 하고는, 즉시 옷을 벗어 고벽에게 주니, 고벽은 손을 휘둘러 물리치므로, 신은 말하기를,
>
> "벗이 주는 것은 비록 수레나 말일지라도 배례하지 않는다오. 하물며 이런

자그마한 옷이겠소? 옛날 한퇴지는 옷을 남겨 태전과 작별하였으니, 작별에 이르러 옷을 남겨 두는 것은 곧 옛날 사람의 뜻이라오."

하니, 고벽은 말하기를,

"원래는 물리치려고 했는데 고마운 뜻을 막는 듯합니다."

하면서, 받아 갔습니다.[13)]

최부는 1487년(성종18) 9월 推刷敬差官의 임무를 띠고 濟州에 갔다가 이듬해 부친상을 당해 돌아오던 도중 풍랑을 만나 중국 浙江省 寧波에 표류하여, 반년 만에 귀환하였다. 그때 성종의 명을 받고 써서 바친 것이 「표해록」이다. 인용문에 등장하는 許淸은 千戶 벼슬을 하는 관리였고, 顧壁은 杭州 茂林驛의 관리였다. 최부는 한유와 태전의 고사를 언급하였으나 그가 옷을 남겨 준 것은 승려가 아니라 이국의 관리였던 것이다. 문사·승려간 방외지교의 비유로 쓰였던 한유의 留衣故事가 온정에 대한 보답으로 변형되었음 알 수 있다. 이러한 변형은 시에도 나타난다.

헤어질 때 띠를 풀어 옷 대신 남겨두니,
이것으로 가는 허리 한 둘레 둘러보라.

---

13) 崔溥, 「漂海錄」, 『錦南集』 권4. 무신년(1488, 성종19) 2월 12일. "十二日 在杭州 是日晴 臣謂程保等曰 顧壁誠心待我 凡所聞所見 悉告無隱 俾我不迷 恩情甚重 欲表信物 顧我行李一無些子之儲 所有者 只此衣耳 我欲解以與之 保等曰 前日解一衣 贈許千戶 今日又解贈顧公 則所穿之衣 只一件耳 迢遞萬里之路 敝誰改爲 臣曰 古人以一衣三十年者有之 我之作客他鄕 只在一年之間 今時日漸燠 一布衣足以當之 且蛇魚感恩 亦欲報之 而況於人乎 卽解衣與壁 壁揮手以却 臣曰 朋友之賜 雖車馬不拜 況此矮小之衣乎 昔韓退之留衣以別大顚 則臨別留衣 卽古人之意也 壁曰 本欲却之 恐阻盛意 受而去之."

상상컨대, 단장하고서 더욱 아름다워지면,

다른 사람 끌어 비단 휘장 침실로 들어가리.

臨分解帶當留衣 敎束纖腰玉一圍 想得粧成增宛轉 被誰牽挽入羅幃[14)

중종의 부마이자 선조 때의 학자인 宋寅(1517-1584)이 오늘날의 淸州

인 西原의 기녀인 玉樓仙에게 장난삼아 써준 시다. 이 시에서는 留衣故

事의 옷이 띠로 바뀌었고, 대상 또한 승려에서 기녀로 변형되었다. 이 시

가 한유와 태전의 고사와 관련이 있다는 근거는 起句의 '留衣'에 있다.

이 시가 權應仁의 『松溪漫錄』에서는 매우 사랑스러운 香奩體, 곧 艶情

詩로 평가되었다.

한퇴지 글을 남겨 태전에게 주었는데,

세간에서 기롱한 지 이미 천년일세.

내 오늘 자네의 사람 보는 눈에 감격하여,

다시 노래를 지어 짤막하게 쓰노라.

韓子留書與太顚 世間譏評已千年 我今感汝能看客 復作歌謠寫短箋[15)

尹善道(1587-1671)가 무오년인 1618년(광해군10)에 홍원의 조생에게

지어 준 시다. 윤선도는 1616년 성균관 유생으로 당시의 권신인 이이첨

등을 탄핵하는 상소를 올린 일로 함경도 경원으로 귀양을 가는 길에 홍

---

14) 宋寅, 「戲贈·玉樓仙」, 『頤庵遺稿』 권2.
15) 尹善道, 「答洪獻趙娘 洪獻洪原也 趙娘趙生也. 戊午」, 『孤山遺稿』 권1.

원의 기생인 조생을 만났다. 그 뒤 경상도 기장으로 이배되었는데, 이 시를 지은 무오년(1618)은 기장에 있을 때였다. 여기서는 留衣故事가 한퇴지가 태전에게 편지를 써 보냈던 고사[16]로 바뀌었고, 문사와 승려의 교유가 宋寅의 시에서와 같이 문사와 기녀의 교유로 변형되었다.

3. 親佛 比喩

조선왕조는 유교를 국교로 정하여 공식적으로 불교사상은 이단에 속하지만, 한유와 태전의 고사를 통해 불교 혹은 승려에 대해 우호적인 태도를 보이는 시문 자료가 더러 전하고 있다.

바쁠 때는 보따리 메고 조용할 땐 참선하며,
공 스님의 가고 머무름은 인연을 따를 뿐이네.
잠깐 한 석장 이끌어 천령을 하직하고서,
스스로 삼승 호위하러 보련사로 들어가누나.
풀밭에 앉으면 서리 바람이 방석에 스며들 테고,
숲속을 걷노라면 여울물이 행전에 흩뿌리리라.
쇠잔한 고을 병든 태수는 제대로 작별 못해주니,
누가 한공이 태전 사랑했다 괴이하게 여기랴.

忙裏挑包靜裏禪 空師去住只隨緣 暫携一錫辭天嶺 自衛三乘入寶蓮
草坐霜風侵白氈 林行石瀨濺靑纏 殘城病守難爲別 誰怪韓公愛太顚[17]

---

16) 『韓昌黎全集』 제2권에 「與太顚師書」라는 글이 있다.

金宗直(1431-1492)이 寶蓮寺의 주지가 되어 떠나는 空上人을 송별하며 지은 시다. 頷聯의 '天嶺'은 咸陽의 다른 이름[18]이므로, 작자가 함양군수로 있을 때 지은 것임을 알 수 있다. 함양에서 작자와 교유하던 공상인이 보련사의 주지로 가게 되자 그 아쉬움을 토로한 것이다. 頸聯의 '스며드는 서리 바람'과 '흩뿌려지는 여울물'에서 공 상인이 떠난 뒤의 허전함과 쓸쓸함을 나타냈다. 尾聯의 '쇠잔한 고을 병든 태수'는 작자 자신을 가리킨다. 마지막 구에서 한유의 태전 사랑이 괴이할 게 없다고 함으로써 유학자인 작자의 불승 혹은 불법에 대한 우호적 태도를 보여주었다.

산과 바다 어디인들 신선의 자취 없으랴만,
유독 오대산이 땅의 영기를 얻었도다.
선경 같은 섬 언저리엔 하늘이 가깝고,
거울 같은 호수에는 달빛이 밝구나.
구름과 비에 가장 먼저 익는 것은 돌피요,
바람과 서리에 쉽게 시드는 건 방초로다.
창려가 의복을 남겨 준 그 뜻,
어찌 인정이라고만 할 수 있으랴.

海岳皆仙蹟 臺山獨地靈 天臨瓊島近 月傍鑑湖明
雲水稊先熟 風霜蕙易零 昌黎留服意 可獨作人情[19]

---

17) 金宗直, 「送空上人住持寶蓮寺」, 『佔畢齋集』 권9.
18) 李荇 等編, 『新增東國輿地勝覽』 권31. 咸陽郡 郡名條 참조.
19) 李植, 「送慧日比丘入五臺山 用五峯韻 時余荐經災疾 有感於因果之說 有下句」, 『澤堂集』 권1.

인용한 시는 李植(1584-1647)이 五臺山으로 들어가는 慧日이라는 승려를 전송하며 지은 것이다. 이 시의 尾聯에서 작자는 한유의 留衣故事를 거론한 뒤 단순히 태전과의 정 때문에 옷을 남겨 준 것은 아닐 것이라는 여운을 남겼다. 작자는 또한 제목의 小註에서 "당시 내가 거듭 병을 앓고 나서 인과설에 느껴지는 바가 있었으므로 끝에 그렇게 말하였다." 라고 진술한 것으로 미루어, 불승이나 불법에 대해 우호적인 태도를 넘어서서 불교의 因果說을 受容하는 단계로 들어선 것으로 보인다.

> 불문의 좋은 벗으로 그대 같은 사람 드물어,
> 한 문공이 태전 스님과 사귄 것 비슷하네.
> 산방에선 밤늦은 이야기도 꺼리지 않는데,
> 화로에서 피어오르던 연기도 사라지고 촛농도 말랐네.

勝友空門似子稀 文公好與太顚依 山窓不厭終宵話 爐篆全消蠟淚晞[20]

숙종 때의 문신이자 학자인 李玄祚(1654-1710)가 欽師라는 승려의 시에 차운한 것이다. 작자 자신과 흠사의 사귐이 한유와 태전의 교유와 비슷하다고 하면서, 흠사와 산사에서 밤새도록 이야기를 나누었다는 것으로 그 사귐의 일단을 보여주었다. 이어서 산문 자료에 나타나 있는 불교 혹은 불승에 대한 우호적 태도를 보기로 하자.

우선 우리 유교가 불교에서 취하는 바가 있고 심하게 거절하지는 않는다는 말을 써 준다. 그러나 한퇴지와 유종원은 글을 지어 그 비난을 해명하였지만

---

20) 李玄祚, 「次欽師留宿」, 『景淵堂詩集』 권2.

나는 애써 해명하지 않는다. 그 까닭은 다음과 같다. 한퇴지와 유종원의 해명은 비난하는 자의 의혹을 없애기에 충분하고, 실제로도 불교에 미혹되지 않은 분들이다. 내가 그 때문에 '한퇴지와 유종원이 불교를 좋아한 것은 마음이 아니라 자취였고 자취가 아니라 형세였다.'라고 하는 것이다. 내가 불교를 좋아하는 것 또한 한퇴지와 같을 뿐이며 유종원과 같을 뿐이다.[21]

徐居正(1420-1488)이 교유하던 道菴 成上人의 제자인 守伊라는 승려에게 써 준 글이다. 작자는 먼저 名儒인 한유와 유종원이 모두 佛僧과 교유하거나 佛法을 좋아하여 사람들에게 비난을 받았으나 불교를 단절하겠다는 말은 한 번도 하지 않았다는 말부터 시작하였다.[22] 이어서 작자는 한유 등이 교유한 승려는 한두 사람에 지나지 않았으나 자신이 교유한 승려는 曹溪에서 거의 절반이나 된다고 하고[23], 한결같이 불교를 우리의 도가 아니라고 배척하고 도외시한다면 자신은 입을 열 수 있는 날이 없었을 것이라고까지 말하였다.[24]

나의 동년 하계경은 문장에 능하고 기개가 남달랐다. 무엇이든 버리는 것이 없고, 심지어는 이단과 도류에서도 또한 그 우월한 것을 취하여 버리지 않았다.

---

21) 徐居正, 「贈守伊上人序」, 『四佳文集』 권4. "姑書吾儒有取於釋氏 而不甚絶之之辭 然退之宗元 爲文以辨其訾 而予不甚辨者 退之宗元之辨 足以祛訾者之惑 而實非惑於浮屠氏者也 予故曰 退之宗元之嗜浮屠 非心也 跡也 非跡也 勢也 予之嗜浮屠者 亦退之而已 宗元而已."

22) 같은 글. "韓退之柳宗元 皆名儒也 宗元在柳州 嗜浮屠法 退之書以訾之 宗元爲文以辨之 其所以辨之者 辨其不惑於浮屠之說耳 然尙有取之之辭 退之旣訾宗元 其在潮州 與大顚相善 或者之訾退之 如退之之訾宗元 退之亦爲文以辨之 其所以辨之者 辨其不惑於浮屠之說耳 末嘗有絶之之辭."

23) 같은 글. "予於是 與浮屠交從者 殆半於曹溪 況退之宗元 在於遷謫之中 其所交遊者 不過一二釋子 非予遍交曹溪者之比."

24) 같은 글. "一以釋氏爲非吾道 斥焉外之 則吾之喙 無日可開矣."

기유년 겨울에 나는 마침 금녕에서 **拘幽操**를 읊조리고 있었고, 계경은 운점사에서 글을 읽고 있었다. … 어느 날 편지와 함께 승려 한 사람을 보내왔는데 '글을 읽을 줄 아니 더불어 이야기를 나눌 만하고 태전보다 못하지 않다.'고 하였다. … 그의 법호를 물으니 지즙이라고 하였고, 무엇을 배웠느냐고 물으니 한창려집을 배웠다고 하는 것이었다. … 사람은 비록 옛 사람과 지금의 사람이 다르지만, 나는 장차 그대를 태전이라 여기겠네.[25]

인용문의 기유년은 1489년(성종20)으로, 金馹孫(1464-1498)이 벼슬을 잠시 그만두고 金寧(金海)에 내려가 학문을 닦고 있을 때였다. 하계경은 작자의 同年友인 河沃(1462-?)을 가리킨다. 그는 절에서 글공부를 하면서 이단과 도류라고 할지라도 훌륭한 점이 있으면 취하였다는 것이다. 그는 지즙이라는 승려를 작자에게 보내면서 태전 못지않은 인물이라고 하였고, 작자는 지즙을 태전이라고 여기겠다고 하였다. 작자는 유학자이면서도 불교를 배척하지 않을 뿐만 아니라 우호적으로 여기고 있음을 알 수 있다.

군자가 벗을 사귐에 무엇을 기준으로 삼을까. 지내온 자취가 다르더라도 마음이 통하면 사귀는 것이요, 도가 달라도 뜻이 부합하면 사귀는 것이니, 벗의 믿음과 의리를 보고 사귈 따름이다. 어찌하여 방내와 방외를 가릴 것인가. 그런 까닭에 한유가 조주에 좌천되었을 때에 태전이라는 승려와 교유하였던 것이다. … 내연산에 덕경과 설희라는 두 승려가 있다는 말을 들었다. 한 사람은 경사

---

25) 金馹孫,「贈山人智楫序」,『濯纓集』권2. "吾同年河啓卿氏 能文章富氣槩 於物無所棄 至於異端道流 亦取其尤者而不遺焉 己酉冬 余方賦拘幽於金寧 啓卿氏 時讀書於雲岾寺 … 一日 遣一衲來下狀 以爲解文字可與語 不減於太顚云 … 問其號 曰智楫也 問其所學 曰韓昌黎集也 … 古今人雖不同。而吾將以爾爲太顚也."

에 밝고 다른 한 사람은 신선을 구하는데, 모두 벗으로 삼을 만하였다. … 청하의 궁벽함이 조주에 못지않고, 용성의 빼어난 경치도 내연산을 능가하지는 못한다. 때때로 이들 방외인과 교유하며 산수에서 노닐기도 하고 방장에 등을 걸기도 하였다. 더러는 꽃 피고 달 뜰 때 만나기로 하기도 하고 시를 지어 화답하기도 하였다. … 나로 하여금 낯선 변방에서 즐겁게 살도록 해주고 갇혀 있는 시름을 편안히 풀도록 해준 것은 기실 두 스님의 도움 때문이었다. 그래서 남들은 벗이 될 수 없다고 할지라도 나는 반드시 벗이라고 이를 것이다.[26]

이 글을 쓴 柳潚(1564-1636)은 1623년 인조반정이 일어났을 때 역신인 李爾瞻의 심복으로 지목 받아 淸河로 유배되었다. 청하에 위리안치되어 있던 1624년(인조2) 3월에 이 글을 썼다. 유배지에서 말이 통하는 승려 두 사람을 만났으니, 한유와 태전의 고사를 떠올릴 만하다. 작자는 벗을 사귀는 기준이 지내온 자취나 사상에 있지 않고 마음이 통하고 뜻이 부합하는가에 달려 있다고 하였다. 그리하여 남들이 문사인 유숙과 승려인 덕경과 설희가 벗이 될 수 없다고 하여도 작자 자신은 벗이라고 하겠다는 것이다. 불교에 대해 우호적인 태도가 엿보인다고 하겠다.

옛날 왕희지는 회계내사가 되었을 때 승려인 지도림과 명승지를 다니며 교유하였다. 한문공은 조주자사로 좌천되어서 태전스님을 만나 더러 부르기도 하고 더러 암자로 찾아가기도 하다가 옷을 남겨주고 헤어지기에 이르렀다. 예로

---

26) 柳潚,「贈內延山人德瓊雪熙詩序」,『醉吃集』권5. "君子之取友也何常 跡異而心同則取之 道殊而志合則取之 取其信與義而已 奚擇乎方之內外哉 是以韓愈之謫潮州也 與僧太顚遊 … 聞內延山有兩僧 曰德瓊曰雪熙 一則通經史 一則治神仙 皆可與友者 … 淸河之絶遠 不下於潮州 龍城之勝槪 不高於內延 時與方外之交 蠟屐水石 縣燈方丈 或以花月相期 或以詩篇相和 … 使我樂居荒裔 安其囚而舒其愁者 實二師之所助 則人雖曰非友 我必謂之友也."

부터 문사들은 모두 방외인과의 교유를 하였다. 그들과 더불어 육신을 도외시 하고 도리로써 자신을 절제하였다. 이 어찌 도는 비록 다르나 그 나아간 바의 고상하고 아름다운 취미는 실로 서로 감발함이 있다는 것이 아니겠는가? 나는 일찍이 능엄경의 뜻이 깊고 오묘하다고 들어 한 차례 강론을 들었으면 한 지 오래 되었는데 이제 스님을 만나게 되어 마음속으로 다행스럽게 여겼다. … 집 사람의 병이 조금 나아지기를 기다려 어린 종이 딸린 나귀에 올라 공무를 벗어 던지고 표연히 절을 찾아가 한 차례 고상한 말씀을 들으면 호계의 웃음이 이로 부터 비롯되리라.27)

숙종 때의 문신인 任埅(1640-1724)이 明眼上人이라는 승려에게 보낸 편지글의 일부다. 王羲之와 한유의 고사를 들어 예로부터 方外之交가 보편적이었음을 말하였다. 이 글에서는 유학자이기도 한 작자가 불경의 하나인 능엄경에 매료되어 강론을 들을 각오까지 분명히 하였다. 불교나 불승에 대해 우호적인 태도를 넘어서 친화적인 모습을 보여주었다고 할 수 있겠다. 그러고는 陶淵明 · 慧遠 · 陸修靜의 虎溪三笑 고사를 전 거로 내세우며 마무리를 지었다.

---

27) 任埅, 「與明眼上人書」, 『水村集』 권8. "昔王右軍拜會稽內史 與支道林爲名勝 之遊 韓文公刺潮州 遇太顚師 或召至或造盧 至留衣服爲別 自古聞人韻士 皆 有方外之交 與之外形骸 以理自勝 豈非以道雖不同 而其造詣之高趣味之佳 實 有所交相感發者耶 埅夙聞楞嚴旨意深玅 思欲一講久矣 今而遇師 心竊爲幸 … 待得室家病憂少間 當以小奚蹇驢 脫去朱墨 飄然相訪於雙林雨花之天 一聞玉 塵高談 虎溪之笑 自此始矣."

4. 排佛 比喩

불교 왕조였던 고려후기에 누구보다도 앞장서 불교를 배척하였던 인물은 단연 鄭道傳(1342-1398)이었다. 주지하다시피 그는 불교를 이론적으로 배척하기 위해 주자학적인 입장에서 불교의 우주론, 인과론, 윤리론 등을 상세히 비판한 「佛氏雜辨」을 저술하여 불교와 노장을 함께 비판하였다. 그의 그러한 입장을 분명히 보여주는 또 하나의 자료가 鄭夢周(1337-1392)에게 보낸 편지다.

> 요즘 오고 가는 말을 들으니 달가가 『능엄경』을 보는 것이 마치 불교에 현혹된 자와 같다고 합니다. 내가 이 말을 듣고, "달가가 『능엄경』을 보지 아니하면 어찌 그 말의 사특함을 알겠는가? 달가가 『능엄경』을 보는 것은 그 속의 병통을 찾아서 고치려고 함이지 그 도를 좋아하여 정진하려 함은 아니다." 하고, 또 나 혼자 말하기를, "나는 달가가 반드시 부처에 미혹하지 않았음을 보증한다." 하였습니다. 그러나 중국의 한창려가 한번 태전과 더불어 말한 것을 가지고 뒷세상에서는 곧 구실을 삼아 소문을 퍼트렸습니다. 달가는 다른 사람들이 믿고 따르는 분이 되었으므로, 실로 달가의 하는 바에 따라 지금 우리 도의 흥폐가 달려 있으니, 자중하지 않을 수 없는 일입니다.[28]

이 글에서 작자는 한유와 태전의 고사를 이끌어 정몽주가 『능엄경』과 같은 불경에 관심을 가지고 읽는 것은 '뒷세상의 구실'이 될 수 있으므로

---

28) 鄭道傳, 「上鄭達可書」, 『三峰集』 권3. "近聞往來之言 達可看楞嚴 似侫佛者也 予曰 不看楞嚴 曷知其說之邪 達可看楞嚴 欲得其病而藥之 非好其道而欲精之 也 旣而私自語曰 吾保達可必不侫佛 然昌黎一與太顚言 後世遂以爲口實 達可 爲人所信服 其所爲繫於斯道之廢興 不可不自重也."

자중하지 않을 수 없다고 충고하고 있다. 그 말 속에는 한유 또한 불교를 받아들인 것이 아니었는데 태전과 교유함으로써 다른 사람들의 오해를 불러 일으켰다는 의미가 포함되어 있다. 그런데 이 글에 대해 후대에 달리 해석한 것이 있어 흥미롭다. 정조 때의 학자로「三家略」을 지어 이단을 배척한 黃德壹(1748-1800)의 글이 그것이다.

포은선생은 여말에 태어나 도학을 창도하고 성리학을 정밀히 연구하여 목은이 동방이학지조라고 칭하였다. … 신라시대 이래로 불교를 받들어 믿어 고려시대에는 더욱 성하였다. … 선생은 의연히 홀로 서서 사서인으로 하여금 주자가례를 따르게 하였다. … 공민왕 초에 비로소 경연을 열고 가장 앞장서서 유불이 다름을 말하였으니 우리나라에서 이단을 배척한 공은 선생이 으뜸이다. 정도전 또한 선생이 성균장교로 있을 때 그 말씀을 들은 사람이다. 그가 일찍이 선생께 올린 글에 … 라고 하였는데, 그 뜻을 살펴보면 거의 선생을 정말 불교에 아첨한 사람으로 만들고 자신이 불교를 배척한 것으로 자임한 것은 무슨 까닭인가? … 후세 사람들은 정도전의 간악한 음모를 모르고 더러 이르기를 여말에 불교가 크게 유행하여 비록 포은 같이 현명한 분도 세속을 따르는 것을 면치 못했다고 하는 자들조차 있으니, 이는 가리지 않을 수가 없다.29)

정도전이 마치 배불론자의 기수인 듯이 알려져 있지만 사실은 정몽주

---

29) 黃德壹,「書鄭道傳上達可書後」,『拱白堂集』권3. "圃隱鄭先生生於麗季 倡明道學 精研性理 李牧隱稱之曰東方理學之祖 … 自羅代以來 崇信釋敎 至麗尤盛 … 先生毅然獨立 令士庶倣朱子家禮 … 恭愍初 始開經筵 首陳儒佛之辨 我東闢衛之功 先生爲首矣 鄭道傳亦先生成均掌敎時 與聞其緖言者也 嘗上先生書曰 … 觀其意 殆若以先生眞爲佞佛 而自處以闢佛之任者何也 … 後人不識道傳之奸謀 或謂麗末佛道大行 雖以圃隱之賢 猶未免於從俗云者亦有之 此不可以不辨也."

야 말로 이단을 배척하는 데 앞장을 섰으며, 정도전은 다른 목적을 가지고 정몽주를 불교에 아첨하는 자로 몰고 갔다는 것이다. 그 다른 목적을 작자는 정도전이 고려왕조를 무너뜨리는 데 가장 큰 걸림돌인 정몽주를 지탄의 대상이 되게 하여 마침내 없애버리고 사람들로 하여금 자신의 잘못이 아닌 것으로 믿게 하려는 것이었다고 하였다.[30] 불교를 배척하는 데 앞장을 선 것이 정몽주이든 정도전이든 간에 이 글을 쓴 황덕일 또한 배불의 입장을 분명히 한 셈이다.

> 한퇴지는 태전과 서로의 뜻이 통했지만,
> 구담의 도를 스승 삼은 것은 아니었네.
> 우리들을 낳고 기름은 본디 유래가 있는 것이니,
> 우리 도로 곤내를 교화하고 싶어라.

太顚韓子相知意 不是瞿曇道可師 生養吾人元有自 欲將斯敎化髡紂[31]

선조 때의 문신이자 학자인 曺好益(1545-1609)이 淸山人과 靜山人이라는 두 승려에게 지어준 시다. 한유가 태전과 서로 뜻이 통하여 교유하기는 하였으나 불제자가 된 것은 아니라고 하였다. 뿐만 아니라 성리학의 도리로 髡紂를 교화하고자 한다는 의지를 밝히기도 하였다. '곤내'는 본디 머리를 깎는 형벌을 가리키는데, 여기서는 승려를 지칭한 것이다.

---

30) 같은 글. "當是時 道傳欲爲剪除王氏 而心素忌憚者惟先生一人而已 於是 創爲佞佛之說 熒惑衆聽 以售具戕害之計 而使人莫己非也."
31) 曺好益, 「贈淸靜兩山人」, 『芝山集』 권1.

옛날에 한퇴지가 불골표를 올려 대들었다가 조주로 유배되어서는 태전과 서로 왕래하였으며, 심지어는 의복을 남겨 두고 이별하기까지 하였다. 그러자 당시에 부처에게 아첨하여 복을 구하였다고 비난하는 자가 있었으며, 후세에도 역시 이것을 가지고 의심하는 자가 없지 않았다. 한퇴지는 참으로 호걸스러운 선비이다. 어찌 한번 자신의 뜻이 꺾였다고 해서 자기의 도를 무너뜨리고 상대를 따를 자이겠는가. 아마 태전의 재주를 아까워하여 그의 재주가 이 세상에 쓰이지 않은 채 공허한 불교에 빠져 있는 것을 애석하게 여겨 그랬을 것이다. 한퇴지의 마음 역시 천지에 대해서 유감이 있었던 것인가!32)

金埼(1580-1658)이 加平에 살고 있을 때 雲岳山의 文殊寺에서 得一이라는 승려를 만나 이야기를 나누게 되었는데, 그 승려는 학문과 시적 재질을 갖춘 方外韻士였다는 것이다.33) 그런 훌륭한 인물이 불교에 빠져서 그 재주가 세상에 쓰이지 못하는 것이 안타깝다며 쓴 글의 일부가 위의 인용문이다. 한유가 태전과 교유한 것은 그의 재주가 선방에서 썩는 것이 안타까워서였을 것이라고 하였다. 작자 자신도 득일이 헛되이 살다가 부질없이 죽어갈 것이 몹시 애석하다고 탄식하였다.34)

---

32) 金埼,「贈懸燈山一老師序」,『潛谷遺稿』권9. "昔韓退之抗表論佛骨 而謫潮州 與太顚相往來 至於留衣服爲別 當時 有以佞佛求福誚之者 而後世 亦不能無疑 退之固豪傑之士也 豈因一催折 毀其道而從之者耶 蓋愛太顚之才 惜其不見用 而淪於空寂也 退之之心 其亦有憾於天地乎!"
33) 같은 글. "余自數年以來 卜居于加平淸德之洞 聞郡之西縣 有雲岳山 最奇絶 乃蠟屐而登焉 遂造於所謂文殊寺者 則有八九雲衲 趺坐而誦經 其中主法者 老師得一也 觀其貌 秀而奇 聽其言 淸而簡 與之坐而叩其所有 則於其學已博洽無蘊 而胸中豁然無少滯礙 又善於詩 鏘然有金石之響 蓋亦方外之韻士也."
34) 같은 글. "若師之以而虛生浪死者 又不知有幾許人哉 其亦可惜之甚也."

불가에 묘한 뜻이 따로 있는 것도 아닌데,
그저 난해한 말만 해대니 입에 올릴 게 못돼.
아래윗니 세 번 마주치고 한 소리로 외치기를,
한문공이 태전의 불문에 빠지기라도 했더냐?

僧家妙旨別無存 只爲難言故不言 叩齒三通仍一喝 韓公傾倒太顚門[35]

정조 때의 문신인 趙璥(1727-1789)이 지은 위의 시는 다소 격앙되어 있다. 그 역시 한유가 태전과 교유한 옛일을 거론하면서도 한유가 결코 불문에 傾倒된 것은 아니었다는 것을 강조함으로써 자신의 노선을 분명히 하였다.

정도전의 경우는 한유의 고사를 경계로 삼아 전철을 밟지 않아야 한다는 것이었고, 조호익이나 김육, 조경 등은 한유의 입장을 대변하면서 그것을 통해 자신의 배불적 입장을 표명하였다. 불교를 이단으로 삼거나 배척하는 이론적 근거를 제시하였다기보다는 한유의 고사에 빗대어 자신의 선택이 배불임을 말하였다고 할 수 있다. 이러한 점을 金昌協(1651-1708)은 아래와 같이 지적하였다.

儒者들이 대부분 다 불가를 배척하지만 불가의 학문을 진정으로 아는 사람은 드물다. 한유, 구양수 같은 諸公들은 오직 그 드러난 자취를 근거로 공격하여 "인륜을 도외시하고 사물을 빠뜨린 채 자신의 사사로운 이익만 추구할 따름이다."라고 했을 뿐, 실상을 이해하는 본원적인 견해의 잘못에 대해서는 깊이 알고 분명히 말하지 못하였다.[36]

---

35) 趙璥, 「齋居雜詠」 총41수 중 제15수, 『荷棲集』 권3.

이 글에서는 한유나 구양수 등이 불교를 학문적으로 깊이 이해하지 못한 채 겉으로 드러난 자취만을 가지고 공격한 것을 비판하였다. 그리고 이렇게 말함으로써 한유의 입장을 두둔하거나 대변한 사람들의 견해 또한 피상적인 배불에 지나지 않음을 간접적으로 지적한 것이다. 김창협은 불교에 대한 이론적인 비판이 程朱에 이르러서 이루어졌음을 다음과 같이 진술하였다. 요컨대, 성리학에서 말하는 性命의 이치를 확고하고 분명하게 이해하여 그에 바탕을 두고 佛學의 虛와 邪를 비판해야 한다는 것이다.

지난날 程子, 朱子 등의 諸賢이 性命의 이치에 대해 참으로 본 것이 있어 과거로부터 전해 내려온 聖學을 깊이 연구하지 않았더라면 어떻게 털끝만한 차이가 있는 듯 없는 듯한 데서 변별하고 분석하여 虛實과 邪正의 기준을 확고하게 정함으로써 끝내 안으로 우리 유학을 발전시키고 밖으로 불가를 물리치는 공을 이룰 수 있었겠는가. 만약 나에게 내면을 향해 마음을 다스리는 공부가 없다면 저들의 마음을 복종시킬 수 없음은 물론이려니와, 비록 마음을 다스린다 하더라도 성명의 이치에 뿌리를 두지 않는다면 장차 무엇을 가지고 저들의 膏肓에 일침을 가하겠는가. 이것이 昌黎가 불가를 배척하였으나 끝내는 太顚에게 꿀렸던 까닭이요, 象山 陸九淵이 禪學을 공격하였으나 紫陽 朱熹에게 비웃음을 사기에 딱 좋았던 까닭이다.37)

---

36) 金昌協,「內篇二」,『農巖集』권32. 雜識. "儒者類皆闢佛 而眞知佛學者亦少 如韓歐諸公 只據其跡而攻之 不過曰外人倫遺事物 自私自利而已 若其本原實見之差 則未有能深知而明言之也."

37) 같은 글. "向非程朱諸賢 眞有見於性命之理 而深究聖學之傳 則亦何能辨析於毫釐疑似之間 以定其虛實邪正之極而卒成內修外攘之烈哉 若在我者無向裏治心之功 則固無以服彼之心 而雖曰治心而 不本乎性命之理 則亦將何執 以鍼彼之膏肓哉 此昌黎之闢佛 終見詘於大顚 而象山之攻禪學 適見笑於紫陽者也."

5. 마무리
– 用事와 典據로서의 韓愈·太顚 逸話의 意味

조선왕조가 유교를 국교로 천명하며 불교 등을 이단으로 몰기는 하였으나 고려 때까지의 불교적 관성이 일시에 멈춰지지는 않았을 것이므로 시종일관 闢佛로만 나아갈 수는 없었을 것이다. 또한 사찰이 도회를 떠나 산 속으로 들어갔다고 하여도 문사와 승려의 교유가 완벽하게 단절되기는 어려웠을 것이다. 그러한 가운데 어떤 이는 불교나 불승에 대해 우호적인 생각을 가지기도 하였고, 어떤 이는 배타적인 생각을 가지기도 하였을 것이다. 공식적으로 유교 국가인 조선조에서는 척불이야 공공연하게 주장할 수 있었겠으나 친불 발언은 그렇게 하기가 어려웠을 듯하다. 이에 따라 자신의 직접적인 주장을 피해 이 땅이 아닌 중국의 고사를 이끌어다가 빗대어 표현하는 것이 자연스러운 방식으로 대두되었을 법하다.

그런 방식에 자주 동원되었던 것이 바로 한유의 留衣故事다. 시에서는 이를 用事함으로써 작자 자신과 승려 사이의 교유를 비유하기도 하였고, 친불이나 척불의 입장을 비유적으로 나타낼 수도 있었다. 산문에서는 한유의 고사를 전거로 들어 작자 자신의 승려와의 교유·친불·배불의 입장을 빗대어 표현하였다. 이에 따라 고려나 조선왕조 시대에 한유의 고사는 문사와 승려 사이의 方外之交를 나타내는 대명사(byword)로, 그것도 교유·친불·배불 등 다중적 의미(multisemy)를 내포하는 대명사로 쓰였음을 알 수 있다.

朝鮮朝 文集에 나타난 關廟 題詠

1. 머리글

蜀漢 五虎大將의 한 사람인 關羽(160?-219)는 後漢 桓帝 延熙 3년 (160) 무렵 山西省 解縣에서 출생하여 獻帝 建安 24년(219) 吳나라에 서 피살되었다.[1] 그의 수급은 曹操에게 보내져 洛陽의 關林에 매장되 었고, 그의 시신은 湖北省 當陽縣의 關陵에 매장되었다.

그는 생애를 통해 한 번도 당시 촉한의 거점인 四川 지역에 발을 들여 놓았던 적이 없었으나 촉한을 언급할 때 빼놓을 수 없는 인물이다. 관우 에 대한 숭배는 唐나라 중기 이후부터 시작되어 宋代에는 중국 전역으 로 확산되었고[2], 明·淸시대 이후로는 軍神은 물론 財神으로까지 숭앙되 었다.[3]

---

1) 관우에 관한 정사 기록은 『三國志』蜀書 「關張馬黃趙傳」에서 볼 수 있다.
2) 김탁, 『한국의 관제신앙』, 선학사, 2004, 12-13쪽.
3) 같은 책, 15-16쪽.

朝鮮朝에서도 壬辰倭亂 이후 關廟[4]를 건립하는 등 관우에 대한 숭배가 시작되어 舊韓末까지 확산되었다. 조선조 문집에는 使行 등 중국 여행을 하며 견문한 關廟에 대한 산문기록과 시가 다수 수록되어 있고, 한편으로는 국내에 조성된 關廟에 대한 산문기록과 시 또한 다수 실려 있다. 이들 자료를 성격에 따라 분류하고 분석하여 조선조 사람들의 관우에 대한 의식과 그 문학사적 의의를 고찰하고자 한다.

2. 「關廟」의 설치배경

2.1. 중국의 「關廟」 설치

後漢 이후 중국 역대 왕조에서 관우에게 작위를 봉하거나 사당을 건립한 기록을 발췌해 보면 다음과 같다.

- 후한 헌제 건안 5년(200), 조조가 표를 올려 漢壽亭侯에 봉함.
- 촉한 후주 경요 3년(260), 사후 41년 되던 해에 壯繆侯에 봉함.
- 당 덕종 건중 3년(782), 태공망 여상을 주신으로 모시는 武聖王廟에 從臣으로 배향.
- 송 태조 개보 3년(970), 전대의 공신을 사당에 봉안할 때 관우도 함께 모심.
- 송 철종 소성 3년(1096), 관우의 전설이 전하는 玉泉寺에 '顯烈廟'라는 편

---

4) 관우의 사당에 대한 명칭은 關廟·關侯廟·關王廟·關帝廟·關聖廟·關雲廟 등 다양하게 나타나고 있으나 이 글에서는 關廟로 통칭하고, 작품이나 인용문 등에서는 원래 표기한 대로 쓰기로 한다.

액 하사.

- 송 휘종 숭녕 원년(1102), 이민족과의 대치 상태에서 관우의 음조를 바라며 忠惠公에 봉함.

- 동 4년(1105), 崇寧至道眞君으로 개봉함.

- 동 대관 2년(1108), 武安王에 봉함.

- 명 태조 홍무 1년(1368), 漢壽亭侯라는 봉호를 다시 내림.

- 명 세종 가정 10년(1531), 漢前將軍漢壽亭侯로 개봉함.

- 명 신종 만력 10년(1582), 協天大帝로 격상시켜 이후 關帝 신앙이 본격화 됨.

- 동 18년(1590), 協天大帝護國眞君에 봉함.

- 동 42년(1614), 三界伏魔大帝神威遠鎭天尊關聖帝君에 봉해 신격화함.

- 청 태종 천총 1년(1627), 조선 정벌 시 關帝를 三軍之帥로 받듦.

- 동 2년(1628), 瀋陽 북문에 關帝廟를 짓고, 義高春秋라는 편액 하사.

- 청 세조 순치 원년(1644), 燕京에 관제묘 건립.

- 동 9년(1652), 忠義神威關聖大帝에 봉함.

- 동 12년(1655), 북경의 9개 성문마다 관제묘 건립.

- 청 세종 옹정 5년(1727), 直省郡邑에 모두 관제묘 건립.[5]

특히 남송 시대에 관우에 대한 숭배가 중국 전역으로 확산하게 된 배경을 김탁은 다음과 같이 풀이했다.

이민족과의 오랜 전쟁과 대치상태에서 무엇보다도 한족 왕조의 정통성을 유지하는 일이 긴박한 과제였다. 위기에 처한 왕조에 대한 충성이 결정적으로 요청되던 이러한 시기에 관우는 한 왕조의 정통성을 지키기 위해 목숨을 바쳤던 '忠義의 化身'으로 부각되었다. …… 몽골족 정권인 원나라도 정책적 차원에

---

5) 김탁, 앞의 책, 16-23쪽.

서 관제신앙을 확산시켰던 것이다. 즉 원의 통치자들은 漢 민족을 원활하게 통치하고 교화하기 위해 몰락한 송의 귀족이나유력자들의 협조를 구해야 했고, 이러한 맥락에서 송의 호국신이었던 관제를 수용했다. 그리고 관제신앙은 피지배계층의 새로운 왕조에 대한 충성심을 고양하기 위한 방편으로서도 유용했기 때문에 전국적으로 장려했다. 그 결과 관왕묘가 도시를 중심으로 중국 곳곳에 설립되었고, 관제신앙에 대한 책이 간행되기 시작했다. …… 그(명 태조)는 홍무 28년(1395)에 남경 계명산에 황실 전용 사원인 鷄鳴寺를 짓고 관리를 파견하여 관제의 출생일인 5월 13일 제사를 지내게 하고, 이후 관제묘에는 관원·제수 등이 명시되어 국가에서 정기적으로 제사지냈다.[6]

위의 자료들을 통해 볼 때, 중국인들이 가져온 관우에 대한 숭배의식의 특성은 다양하게 나타난다. 전쟁 때에는 軍神으로, 태평시대에는 가뭄 질병 기근을 해결해주는 신으로, 재난을 예지하는 신, 요괴를 퇴치하는 신, 죽은 사람을 소생시키는 신, 天界를 지키는 신으로 숭배되었음을 알 수 있다.[7]

2.2. 조선의 「關廟」 설치

조선의 관묘는 1597년(선조30) 정유재란 이후에 건립되기 시작하였다. 정유재란이라는 국가적 위기상황에서 불가피하게 명나라로부터 받아들인 것이었으나, 건립 초기에는 위정자들조차도 관묘 제향에 대해 부정적이었다.

---

6) 같은 책, 18·19쪽.
7) 같은 책, 41쪽.

명나라 장수 楊經理가 선조32년(1599) 관묘에서 불교의식인 수륙재를 지내려 한 데 대해『선조실록』에서 史官은 "관우는 부처가 아니라 중국 사람인데 관묘에다가 도량까지 세웠으니, 그 황당하고 망령됨이 이와 같다."[8]고 비난하였다.

선조 때의 문신인 許篈(1551-1588)은 임진왜란이 일어나기 전(1574) 명나라에 사행으로 갔다가 명나라가 건국될 때 관우의 신병이 도왔다는 이야기를 듣고, "관우의 혼백이 한나라가 망하는 것도 막지 못했는데 수천 년 뒤에 명 태조 주원장을 신병으로 도왔다는 영험담은 전설일 따름"[9]이라고 일축하였고, 역시 선조 때의 문신인 尹國馨(1543-1611)도 "관우는 남의 손에 죽음을 당한 사람일 뿐인데 중국에서 이처럼 존경하니, 그 까닭을 알 수 없고, 어떤 사람의 말에는, 명 태조 주원장 때에 신병을 내어 도왔다고 하나 알 수 없다."[10]라고 하여 관묘의 건립이나 제향에 대해 부정적 의사를 밝혔다.

조선시대 관우의 사당을 건립한 기록을 발췌해 보면 다음과 같다.

- 선조 31년(1598) 3월 : 명나라 장수 茅國器가 경상북도 星州에 關侯廟 건립.
- 동년 3월 : 명나라 眞定營都司 薛虎臣이 경상북도 安東에 건립.

---

8)『宣祖實錄』권117. 선조 32년 9월 계해일조 기사 참조

9) 許篈,「朝天記」上, 갑술년 6월 24일조. "但雲長之精神氣魄 死後不能扶漢之亡 而乃云佐佑太祖於數千載之下者 寧有是理哉!" 민족문화추진회 역,『국역 연행록 선집』1, 민족문화추진회, 1976, 337쪽.

10) 尹國馨,『甲辰漫錄』, "關王雖是忠勇之將 而身死人手 非功存後世之人 而中原尊敬如此 未知其然 或云高皇帝時 出神兵以助云 然未可知也." 민족문화추진회 역,『국역 대동야승』14, 민족문화추진회, 1971, 76쪽.

- 동년 5월 : 명나라 장수 陳寅이 서울에 南關王廟 건립.

- 동년 7월 : 명나라 都督 陳璘이 전라남도 완도군 古今島에 건립.

- 선조 32년(1599) 1월 : 명나라 장수 藍芳威가 전라북도 南原에 건립.

- 선조 35년(1602) 8월 : 朴禹衡이 동래부사 朴齊寬에게 요청하여 서울에 東關王廟 건립.

- 고종 20년(1883) 가을 : 서울 惠化門 안의 松洞에 眞靈君이라는 무녀가 획책하여 明成皇后가 건립. 關羽廟라 부르다가 1901년 關帝廟로 개칭.

- 고종 21년(1884) : 判官 吳上俊이 江華島에 南關雲廟 건립.

- 고종 22년(1885) : 馬女史가 강화도에 東關帝廟 건립.

- 고종 24년(1887) : 관우의 현몽을 얻은 村老가 경상남도 하동군 解良村에 건립.

- 고종 29년(1892) : 강화산성 수문장 尹義普가 강화도에 北關雲廟 건립.

- 고종 31년(1894) : 청나라의 요청으로 경기도 開城에 건립.

- 동년 4월 : 전라도 관찰사 金聲根과 南固別將 李信文이 각처 유지들의 헌금을 모아 전라북도 全州에 關聖廟 건립.

- 고종 광무6년(1902) 12월 : 서울 서대문구 天然洞에 賢靈君이라는 무녀가 획책하여 嚴妃가 건립하여 崇義廟라 불렀으나 세간에서는 西廟로 불림.

- 고종 때 : 서울 普信閣 옆에 顯聖廟 건립.[11]

선조 때에 건립이 시작된 관묘는 그 제향이 광해군 때에 이르러 국가적 의례로 자리 잡게 된다. 광해군 4년(1612) 6월에 명나라와 후금 사이에서 중립외교를 펼치던 광해군은 纛所[12]의 禮에 따라 매년 춘추로 경

---

11) 김탁, 앞의 책, 50-52쪽.

칩일과 상강일에 관리를 파견하여 제향토록 하였다.[13] 또한 인조 11년 (1633) 7월에는 관왕묘의 수직관을 우대하여 승진시키고 관리 감독을 철저히 하게 하였다.[14]

조선시대 관묘는 제향을 하여 관우 혼령의 가호로 국가의 안녕을 비는 일 이외에 또 다른 기능이 있었으니, 그것은 일본을 오가는 조선의 통신사 사신단이 전별연을 벌이기도 하고 출궁 직후나 입궁 직전에 관복을 갈아입는 장소로도 이용이 되었던 것이다. 왜국행에 대한 각오와 관왕의 가호를 기원하기 위해, 왜국에 다녀와서는 여정의 무사함을 입궐에 앞서 사례하기 위해서[15]였을 것이다.

3. 중국 소재의 「關廟」

3.1. 使行錄의 일부로서의 「關廟」산문

중국 소재 「관묘」에 대한 산문 기록은 대체로 明에 사신으로 갔던 이들의 朝天記錄이나 淸에 사신으로 갔던 이들의 燕行記錄에 나타나 있다. 그들이 본 「관묘」가 굉장·엄숙·장려하다는 진술, 그 건립사실에 대한 서술, 관왕 존숭의 풍속 서술, 그에 대한 반성적 비판 등으로 나타

---

12) 軍神인 蚩尤를 纛神으로 모시고 뚝섬에서 지냈던 국가적인 祭禮임.
13) 『光海君日記』권54. 광해군 4년 6월 갑자일조 기사 참조
14) 『인조실록』권28. 인조 11년 7월 임인일조 기사 참조
15) 장장식, 「서울 관왕묘 건치와 관우신앙의 양상」, 『민속학연구』14, 국립민속박물관, 2004, 409-412쪽.

난다. 먼저 장엄하다는 진술의 사례를 보면 다음과 같다.

> 우리들은 안정문을 거쳐 제미문·진사문 등과 상서리 대중승의 규광문·안림문·총회문 등 3문을 지나서 서문을 벗어나 관왕묘를 지났는데, 관왕묘는 장엄하고도 아름답고 그윽하였으며, 가운데는 푸른 소나무가 울창하였다. 요좌에는 송백이 없었는데, 유독 이 관왕묘에만 있는 까닭에 관왕묘의 푸른 소나무[關廟靑松]가 요양의 8경에 든다고 하였으니, 그 귀한 것을 볼 수 있다.[16]

이 글을 쓴 許篈은 만력2년 갑술년(1574) 聖節使의 書狀官으로 자청하여 명나라에 가서 기행문 「朝天記」를 썼다.[17] 이 글에서 허봉은 자신이 본「관묘」를 '장엄하고도 아름답고 그윽하다[壯麗嚴邃]'고 진술하였다. 요좌에는 소나무나 잣나무가 없었는데 유독 이 관왕묘에만 있는 까닭에 '요양8경'에 든다고 하였으나, 오늘날 일컫는 '요양8경'에는 '관묘청송'이 들어 있지 않다. 다음의 자료도 그와 유사한 진술을 하고 있다.

> 초엿새 갑오일에 장구현에 이르렀다. … 듣자니 (장구현에서) 동남쪽으로 30리가량 되는 곳에 명수진이 있는데, 그곳에서 샘이 솟아나와 명수라고 한다. 주민이 많고, 진신사족들이 그곳에서 다수 배출되었다고 한다. 장구현 성 안에 인물들이 많고, 패루가 길거리 여기저기에 서 있었다. 이름난 벼슬아치도 자못 많았다. 지나가는 길의 성황사·관묘·악사·옥황묘 등의 규모가 굉장히 크

---

16) 許篈,「朝天記」上,『荷谷集』萬曆2年 갑술 6월 28일(辛未) "余等由安定門 歷濟美進士等門 尙書里大中丞奎光按臨總會三門 出西門 過關王廟 廟宇壯麗嚴邃 中有蒼松欝然 遼左絶無松栢 獨此廟有之 故關廟靑松 入於遼陽八景云 可見其貴也."
17) 許篈,「荷谷先生年譜」, 앞의 책, "甲戌 拜禮曹佐郎 自請爲書狀官赴朝."

고 화려하였다. 곳곳이 모두 그러하여 일일이 다 기록할 수가 없다.[18)]

이 글을 쓴 李民宬(1570-1629)은 계해년(1623) 인조반정 후 사헌부 장령에 복직하여 奏聞使의 서장관으로 명나라에 다녀왔다. 그 당시 「관묘」등을 보고 쓴 것이 위의 글이다. 여기서는 「관묘」만이 아니라 성황사, 악사, 옥황묘 등이 모두 규모가 굉장하고 화려하다고 하였다. 다음의 자료에서는 십리보에 있는 「관묘」의 건치 사실을 비문 기록을 통해 소개하고 그 일에 조선왕조의 인물이 관여하였으리라고 추측하고 있다.

나는 지난날 연경에 갔었는데, 요동에서 연경에 이르는 수천 리의 각 성, 큰 고을과 인가가 모여 있는 곳 어디에나 관왕묘를 세우고 관공에게 제사를 지냈다. 일반 민가에서도 관공의 화상을 벽에 걸어놓고 분향을 하며 음식을 먹기 전에는 항상 제를 지내며 기도하는 것이 보통이었다. 관원이 처음 부임할 때 재계하고 관왕묘에 가서 자며 참배하는데, 대단히 엄숙하고 경건하였다. 내가 이를 괴이하게 여겨 그곳 사람들에게 물으니, 이는 북방에서만 그런 것이 아니라 중국 천하 어디서든 모두 그러하다고 말하였다.[19)]

위의 글은 柳成龍(1542-1607)이 기사년(1569)성절사의 서장관이 되어 명나라에 가서[20)] 견문한 것을 쓴 기록이다. 이 기록에 의하면, 당시

---

18) 李民宬, 「朝天錄」中, 『敬亭集』續集 卷2. 계해 7월6일(갑오). "初六日甲午 到章丘縣 … 聞東南三十里有明水鎮 有泉涌出曰明水 人居稠密 搢紳士族 多出其處云 縣城內人物殷庶 牌樓摐摐於街路 名宦頗多 所過城隍關廟嶽祠玉皇廟之宏大侈麗 在在皆然 不可盡記."

19) 柳成龍,「記關王廟」, 『西厓集』卷16. "余往年赴燕都 自遼東至帝京數千里 名城大邑及閭閻衆盛處 無不立廟宇 以祀漢將壽亭侯關公 至於人家 亦私設畫像掛壁 置香火其前 飲食必祭 凡有事必祈禱 官員新赴任者 齊宿謁廟甚肅虔 余怪之 問於人 不獨北方爲然 在在如此 遍於天下云."

중국에서는 관묘에서의 관왕 숭배뿐만이 아니라 일반 서민 가정에서도 모두 관왕의 화상을 걸어 놓고 숭배하는 풍속이 있었음 알 수 있다.

> 십리보는 일명 십리하라고도 하고, 호피역이라고도 부른다. 관묘가 한 채 있는데 섬돌 아래 이름을 새긴 비석이 있었다. 숭덕 임오년에 세웠고, 회순왕 공유덕·공순왕 경중명·치순왕 상가희 등의 이름이 비의 음기에 적혀 있고, 그 밑에 여러 장좌들의 이름이 적혀 있는데 그 중 박중선이라는 사람은 아마도 포로로 잡혀 간 우리나라 사람인 듯하다.[21]

다음은 李德懋(1741-1793)가 顧炎武·朱彛尊 등 明末淸初의 고증학 대가들의 저서에 심취한 나머지 무술년(1778, 정조2) 謝恩兼陳奏使 沈念祖의 서장관으로 직접 燕京에 들어갔을 때[22]의 기록이다. 먼저 중국의 문헌을 들어 문제를 제기하였다.

> 謝肇淛가 지은 『五雜組』에는, "당나라 이전에는 주허후 유장을 높이 받들어 집집마다 사당을 세우고, 호호마다 지금의 관왕에게 빌 듯 복을 빌었다 한다. 그러나 장무왕이 일어나면서부터 주허후의 신은 또 어디로 갔는가? 지금 세상에 숭봉하는 바른 신으로는 관음보살·진무상제·벽하원군 등 셋이 있어

---

20) 柳成龍,「年譜」,『西厓先生年譜』卷1. "三年己巳 先生二十八歲 … 十月 以聖節使書狀官兼司憲府監察赴京 時李靑蓮後白爲正使 先生以書狀輔行."

21) 李德懋,「正祖二年四月二十日」,『入燕記』上,『靑莊館全書』卷66. "十里堡 一名 十里河 亦名虎皮驛 有關廟一座 階下有題名碑 崇德壬午建 懷順王孔有德 公順王耿仲明 治順王尙可喜 列名於碑陰 其下列書諸將佐 有朴仲先者 似是我國被擄人也."

22) 李德懋,「正祖二年戊戌三月十七日」, 같은 책, 같은 곳. "上之二年戊戌三月十七日丁丑 … 余與朴在先齊家 願欲一見中原 齎志未果 至是 沈蕉齋念祖 充謝恩陳奏使書狀官 與余有雅 要余偕行 在先亦隨上使蔡公濟恭而入焉 連袂並轡 萬里跋涉."

관장무과 더불어 향화를 한가지로 받고 있다. 그러므로 부녀자들은 주공과 공자에 대하여 말을 하면 혹 알지 못하나, 이 네 신만은 공경히 믿으며, 감히 마음 속으로 그르게 여겨 거리에서 비난하는 사람이 없으니 또한 천지와 더불어 길이 존재할 것이다.”하고, 또, “관왕은 당나라 이전에는 소문이 있지 않았는데 송나라에 이르러 염지의 일로 인해 마침내 영험이 나타났다.”하였다.23)

당나라 이전에는 사람들이 주허후를 받들었는데 송대 이후부터는 관왕이 그를 대신하게 되었다는 문제를 제기하고, 이에 대해 이덕무는 “신은 스스로 영험한 것이 아니요, 사람의 마음을 의지하여 그에 따라서 성하고 쇠하는 것이니, 지극한 정성이 독실하면 이치가 갖추어지고 형세가 중하면 기가 응한다고 본다. 한나라로부터 당나라에 이르기까지는 주허후를 집집마다 경건하게 받들었으니 자연 오늘날 관왕과 같이 영험이 있었을 것인데 전기로는 상고할 수가 없다. 그러나 주허후의 쇠퇴는 인심이 또한 해이해짐에 따라 신도 영험이 없게 된 것이다. 그러므로 관왕묘가 처음 왕성할 때에는 공사 간에 경건히 받드는 사람이 해마다 늘어나고 날마다 보태어졌으니 그 영험의 보응을 확실하게 근거할 만한 것들이 이따금 있었다. 그러나 가령 몇 백 년 뒤에 경건히 받든 사람들이 쇠퇴해지면 신도도 끝나고 또 그 뒤를 이어 일어나는 자가 있게 마련이다. 그 예로는 악무목과 같은 유로써 영험이 관왕보다 못하지 않았던 것이다.”24)라고 하여 주허후든 관왕이든 악무목이든 그러한 신이 스스로 영험

---

23) 李德懋,「朱虛侯」,『盎葉記』3,『靑莊館全書』卷56. “五雜組 謝肇淛撰曰 唐以前 崇奉朱虛侯劉章 家祠戶禱 若今之關王云 然自壯繆興而朱虛之神 又安之也 今世所崇奉正神 尙有觀音大士眞武上帝碧霞元君三者 與關壯繆 香火相埒 婦人女子 語以周公孔子 或未必知 而敬信四神 無敢有心非巷議者 行且與天地俱悠久矣 又曰 關王自唐以前 未之有聞 迨宋以塩池一事 遂著靈異.”

한 것이 아니라 사람들의 마음에 기대 그에 따라 성하고 쇠하는 것이라
고 주장하였다.

이덕무는 자신의 주장을 뒷받침하기 위해 李瀷의『星湖僿說』의 다음
과 같은 기록을 인용하였다.

> 축윤명의「관왕묘기」에 "송나라 때에는 무안왕으로 추봉하고 묘호를 의용
> 이라 하였다. 그리고 도가에서도 그를 높여 신군으로 삼았다." 하였는데, 무엇
> 이 청정무위한 도가에 관계되기에 숭상하여 신봉함이 여기에 이르렀는가? 생
> 각건대, 수련의 술법은 반드시 귀매를 몰아내어야 하기 때문에 그러한 것이다.
> 그 뜻으로 볼 때 명나라에서 복마왕으로 추봉한 것이 바로 그 사실이다. 서국
> 주종원의 말이 가장 실지에 맞는다. 그는 "명나라의 복마란 마귀를 구제했기
> 때문이다. 마귀의 성품은 본디 제 몸을 떠받들게 하고자 하는 것이므로 옛 선비
> 의 명목을 가탁하여 나타나서 신이를 부려 사람들로 하여금 우러러보게 하는
> 것이고, 참으로 관우의 신이 있어서 이와 같은 것이 아니다."라고 했다."[25]

3.2. 感懷詩와 風物記로서의「關廟」제영

중국 소재「관묘」에 대한 제영은 대체로 관왕에 대한 존숭,「관묘」를

---

24) 같은 글. "神不自靈 依藉人心 隨以盛衰 誠篤則理具焉 勢重則氣應焉 自漢至唐
    家家虔奉 則自有靈驗 如今日之關王 而傳記不可攷 然朱虛之衰 人心亦弛 而
    神亦無靈 關廟始盛 公私之虔奉 歲加日添 其所靈應 灼然可據者 往往有之 假
    令幾百年後 虔奉始衰 則神道亦歇 又有繼起者 如岳武穆之類 其靈驗不下於關
    王矣."
25) 같은 글. "德懋以爲李氏僿說曰 祝允明關王廟記 宋時 追封武安王 廟號義勇 而
    道家又崇之爲神君 伺(何)關於淸淨無爲之道家 而崇信至此 意者 修鍊之術 必
    驅除鬼魅故然也 明之追封伏魔 卽其事也 西國朱宗元之說 最得其實 宋之伏魔
    卽以魔驅除也 魔性本欲奉己 故假古士名目 現爲神異 使人仰望 非眞有關羽之
    神如此也."

통해 느낀 인생무상을 노래하는 등 感懷詩와 관왕을 존숭하는 풍속에
대한 묘사, 관왕 존숭 풍속의 변질과 반성적 비판 등 風物記로서의 시가
있는가 하면 「관묘」가 단순한 소재로 쓰인 시, 작자의 개별적 감흥을 표
현하는 수단으로 활용한 경우, 적을 쫓아달라고 기원하는 시 등으로 나
타난다. 먼저 관왕에 대한 존숭을 나타낸 시를 보기로 하자.

　　　한 번 도원결의하여
　　　산을 무너뜨리고 큰 공을 세웠네.
　　　창을 휘두르매 쨍쨍하게 비추는 해가 머물고,
　　　칼을 뽑으니 청룡이 노한 소리를 내네.
　　　위엄을 삼분천하에 장하게 떨치고,
　　　명성을 백대에 드높여 드리웠네.
　　　형용은 완연히 어제 본 듯하여,
　　　예를 갖춰 영웅적 풍모에 읍을 하네.

　　一結桃園義　摧山立大功　揮戈留白日　拔劍吼靑龍
　　威振三分壯　名垂百代崇　形容宛如昨　馨折揖英風[26]

　　위의 시를 지은 朴而章(1547-1622)은 신묘년(1591) 서장관으로 명나
라를 다녀왔다.[27] 그 당시 장진포의 관왕묘에서 이 시를 지었다. 도원결
의 이후에 공을 세우는 관왕의 모습을 창칼을 휘두르매 해가 멈추고 청
룡이 노호하는 것으로 그렸다. 위엄은 당대에 떨치고 명성은 후대에 길

---

26) 朴而章, 「壯鎭浦關王廟」, 『龍潭集』卷2.
27) 趙絅, 「行狀」, 『龍潭集』卷7. "辛卯 以書狀官赴天朝."

이 드리웠다고 칭송하였다. 생생한 관왕상을 대하여 예를 갖추는 것으로
존숭의 뜻을 표현하였다.

삼국의 전쟁은 육도삼략에 온축되어 있어,
당시 장군은 소하와 조참을 비웃었네.
새로 지은 사당 곳곳에서 장군의 상을 바라보니,
천년 영웅의 풍모에 귀밑털이 곤두서네.

三國兵戈蘊六韜 將軍當日哂蕭曹 新祠處處瞻遺像 千載雄風竪鬢毛[28]

이 시의 작자인 韓應寅(1554-1614)은 갑신년(1584) 宗系辨誣奏請使
의 서장관으로 명나라에 다녀온 일이 있다. 그 당시 여양의 「관묘」에서
떠오른 시상을 읊은 것이 위의 시다. 蕭曹는 西漢 개국의 1등 공신인
蕭何와 曹參을 말한다. 작자는 관왕을 소하나 조참보다도 높이 추켜세
우며 천년의 영웅적 풍모에 머리털이 곤두선다고 존숭의 뜻을 나타냈다.

관왕은 본디 한나라 장군으로
백전의 영령이 구천에서도 늠름하네.
의로운 한 평생 세월이 흘러도 전해지고,
위엄 있는 명성은 세대가 달라도 천지를 뒤흔드네.
음병으로 도와주는 신공이 두드러져,
성대한 의식에서 충의의 존호 현저하네.
우뚝한 사당이 천지에 가득 차니,

---

28) 韓應寅,「閭陽 題關王廟 甲申朝天時沿途作」其二,『百拙齋遺稿』卷1.

강동의 뭇 좀도적들 뉘 다시 떠들거나.

關王本是漢將軍 百戰英靈凜九原 義膽平生懸日月 威名異代震乾坤
陰兵助順神功著 盛典襃忠顯號尊 祠屋巍然滿天下 江東群鼠復誰論[29]

　명나라에서 반적 양응룡을 토평한 일을 축하하기 위해 신축년(1601)
에 진하사를 보낼 때 서장관으로 수행한 李安訥(1571-1637)이「관묘」를
보고 지은 것이 위의 시다. 평생의 충의와 위명이 시대와 세대가 바뀌어
도 여전하다며 존숭의 뜻을 나타냈고, 神兵으로 陰助한다는 전설을 이
끌어 존숭의 뜻을 한층 드높였다.

　중국 땅에 있는「관묘」를 보면서 지은 시 가운데 가장 많이 나타나는
것이 회고의 뜻을 말하면서 인생이 무상하다는 것을 노래한 작품이다.
金克成(1474-1540)은 경신년(1500)에 성절사 서장관으로 연경에 갔
다.[30] 어느 곳의「관묘」인지는 밝히지 않았으나 퇴락한 사당에서 처음
으로 관왕상과 조우하게 된 듯하다.

　　일찍이 역사에서 장군을 알았는데,
　　그때마다 관우 장비 귀에 못이 박혔네.
　　오늘 천리타향의 나그네가 되어,
　　황폐한 사당에서 처음 장군을 만났구려.
　　사당 뜰은 시든 풀에 묻혀 적막하고,
　　금빛 갑옷은 저녁 구름에 갇혀 처량하네.

29) 李安訥,「關王廟」,『東岳集』卷2. 朝天錄.
30) 李慶倬,「行狀」,『憂亭集』卷5. 附錄. “(成化)十三年 以聖節使書狀官赴燕.”

말 달려 안량을 무찌르던 모습은 끝내 보이지 않고,
촉산 그 어디에 충신은 묻혔는가.

曾於靑史識將軍 每說關張屬耳聞 千里他鄕今作客 一間荒屋始逢君
祠庭寂寞埋秋草 金甲淒涼鎖暮雲 躍馬刺良終不見 蜀山何處葬忠墳[31]

역사를 읽으며 관우 장비를 알게 된 작자는 귀에 못이 박힐 지경이었
다고 하였다. 특히 관우에 관한 그의 인상적인 기억은 조조를 위해 원소
의 휘하 용장인 안량을 무찌르던 모습이었던 것 같다. 이러한 회고의 정
을 품은 채 천리타향에서 만난 「관묘」는 인간사가 무상함을 일깨워줄 뿐
이었다. 황폐한 사당, 시든 풀로 적막한 뜰, 저녁 구름에 갇혀 처량해 보
이는 금갑 등이 그러한 일깨움을 매개해 주었다는 것이다.

남은 비석 반이 벽오동 그늘에 묻히고,
옛 전자는 이끼에 묻혔으니 세월이 오랬구나.
장한 기백과 영령은 아득히 적막하고,
그림 그린 대들보에 제비만 날아드누나.

殘碑半入碧梧陰 古篆苔封歲月深 壯氣英魂渾寂寞 畫樑唯有燕來尋[32]

한응인이 종계변무주청사의 서장관으로 연경에 가던 길에 閭陽에서
찾아본 「관묘」에는 비석이 훼손되었을 뿐만 아니라 전자로 새긴 글씨에
도 이끼가 덮여 있다고 하였다. 오래 된 세월만큼 장했던 관왕의 기백과

---

31) 金克成, 「謁關王廟」, 『憂亭集』卷3.
32) 韓應寅, 「閭陽 題關王廟 甲申朝天時沿途作」其一, 『百拙齋遺稿』卷1.

영령은 적막하고, 그러한 과거의 장한 모습을 기록한 비문은 이끼로 가려지고, 그런 모습을 그린 대들보의 그림만이 남아 제비가 찾아들 뿐이라는 것이다. 회고의 정은 가려진 비문이나 그림으로만 남아 있고, 훼손되어 그늘진 비석이나 이끼에 덮인 비문은 인간사가 무상함을 깨닫게 해주고 있다.

> 영웅적인 재주와 기이한 운명을 타고났는데,
> 천시는 어찌하여 마음과 어긋났는가.
> 만고의 영웅적 풍모는 외로운 무덤으로 남았으나,
> 평생의 장한 뜻은 이 한 칼이 알리라.
> 마침내 공명은 더벅머리에게 돌아갔으나,
> 그때는 오나라도 위나라도 젖먹이로 보았네.
> 강회는 남긴 분한을 쏟아 흘려 그치지 않는데,
> 관왕묘는 오히려 동이족이라고 꺼려하는 듯.

才賦豪雄命賦奇 天時其奈與心違 英風萬古孤墳在 壯志平生一劍知
畢竟功名歸豎子 當時吳魏視嬰兒 江淮不盡傾遺憤 祠廟猶能讐九夷[33]

위의 시는 李廷龜(1564-1635)가 무술년(1598) 종계변무주청사의 부사로 연경에 갔을 때 지은 것이다. 이 시에서도 '영웅적인 재주', '기이한 운명', '만고의 영웅적 풍모', '평생 장한 뜻' 등은 작자가 느낀 회고의 정이다. 그러나 '마음과 어긋난 천시', '외로운 무덤', '더벅머리에게 돌아간 공명', '남긴 분한' 등은 인간사가 무상함을 일깨워주고 있다. 회고

---

33) 李廷龜, 「次關王廟韻」, 『月沙集』卷2. 戊戌朝天錄 上.

의 정을 통해 관왕을 애처롭게 여기며 다가서려는 작자에게 관왕상은 낯설게만 느껴졌었던 모양이다. 이 시의 제8구에 그러함이 드러나 있다.

문 앞의 옛 빗돌은 이끼 속에 누웠는데,
소조한 덤불속에 한 이랑 사당 있네.
전각 기둥의 깃발은 저녁놀에 눈부시고,
담 머리 삼나무 회나무는 찬바람에 울고 있네.
단청한 그림 벽엔 구름과 뇌성이 굉장하고,
향불 타는 빈 사당엔 괴물이 우람하구나.
지전으로 한 맺힌 넋을 부르지는 말아다오
두견이 피울음 울어 들꽃이 붉었다네.

門前古碣臥苔中 蕭颯叢林一畝宮 殿角幡幢明夕照 墻頭杉檜響淒風
丹靑畫壁雲雷壯 香火空堂鬼物雄 莫把紙錢招怨魄 杜鵑啼血野花紅[34]

한응인이 보았던 여양의 「관묘」처럼 許筠(1569-1618)이 정유년(1597) 조천행에 장진보에서 찾아본 「관묘」도 피폐해지기는 마찬가지였던 듯하다. 깨지지는 않은 듯하지만 옛 빗돌이 이끼 속에 쓰러져 있고, 사당은 쓸쓸한 수풀 속에 자리했다고 하였다. 담 머리에 심어놓은 삼나무와 회나무 등 상록수는 푸른 빛 절개를 나타내는 것이 아니라 찬바람에 울고 있다고 하였다. 옛 영웅적인 면모를 그린 벽화에는 구름과 뇌성만 요란하고, 사당 안에는 괴물 같은 관왕상이 우람한 모습으로 있더라는 것이다. 사당 안에 있는 붉은 꽃은 마치 두견화처럼 관왕의 한 맺힌

---

34) 許筠, 「壯鎭堡關王廟」, 『惺所覆瓿稿』卷1. 丁酉朝天錄.

피눈물이 흐른 듯하다는 말이다.[35] 인간사의 무상함만을 여러 가지로 읊었다고 하겠다.

세상의 풍속은 금세 쉽게 사라지지 않아,
선과 악이 한 그릇 안에 다 담겨 있네.
크고 작은 신을 모신 사당은 집집마다 있는데,
관묘의 단청은 어디나 한가질세.
상복 입은 오랑캐는 흰옷을 끌고,
치마 두른 촌 아낙은 붉은 꽃을 꽂았네.
연나라 땅은 본디 선비족의 땅이라,
지금처럼 이런 풍속은 없었다네.

謠俗看看末易窮 薰蕕一器幷包中 叢祠大小家家是 關廟丹靑處處同
持服野奴拖帶白 結帔村女載花紅 幽燕自是鮮卑地 不獨如今有此風[36]

이 시는 제목이 암시하고 있듯이, 청나라 때 중국 동북지방의 풍속을 노래한 것이다. 沈鏑(1685-1753)은 무신년(1728) 연행 길에 현지인들이 관왕을 존숭하는 풍속을 보고 이런 시를 지었던 것이다. 집집마다 크고 작은 신을 모신 사당이 있는데, 관왕을 모신 사당만큼은 어느 집이나 똑같은 단청을 했다고 하였다. 제2구의 '훈유'는 향기로운 풀과 악취가 나는 풀이란 뜻으로, 관왕신과 그 밖의 잡신을 비유적으로 나타낸 것이다. 시대에 따라 풍속도 달라짐을 7~8구에서 말하였다.

---

35) 원주에 "사당 안에 붉은 꽃이 있어 우리나라 두견화와 흡사하므로 결구에 언급하였다.(廟有丹葩 似我國杜鵑花者 故結句及之.)"고 하였다.
36) 沈鏑,「謠俗」,『樗村遺稿』卷6.

회령의 숲에 산마루 해가 비치는데,

4월 18일 관묘의 문을 여네.

관제는 이 날 태어나셨다고,

이웃에서 기도하느라 서로 부르네.

유벽거 타고 풀밭을 누비는

젊은 아낙네들 하나같이 곱게 화장했네.

구름 같은 머리를 쪽 지어 올리고,

검은 비단으로 머리 싸맨 모습이 묘하구나.

걸음걸음 오색의 구슬이 점철되고,

교묘히 머리에 꽂은 꽃이 서로 닮았네.

예쁘게 화장하고 서로 뽐내며,

늙은이고 젊은이고 담배를 빨아대네.

조선의 사신이 온 것에 놀라서는

빙 둘러싸고 다투어 바라보네.

시집 안 간 듯이 보이는 소녀는

고개 숙인 채 말없이 웃으며 힐끔거리네.

종종 걸음으로 사당 문에 가득 들어가

관제 앞에 향 태우고 네 번 절하네.

중얼중얼 기도하는 말 알아듣진 못해도

재앙을 쫓고 복을 달라는 말이 분명해.

오랑캐 풍속엔 본디 예법이 없었고,

하물며 이 땅은 변방임에랴.

수레에서 천천히 계명장37)을 외우노라니

어딘가 봄 연못에서 오리가 우는구나.

---

37) 『詩經』 齊風 鷄鳴章. 어진 임금, 어진 왕비가 밤낮으로 경계하여 서로 도왔던 것을
노래한 시다.

會寧林木山日照 四月十八開關廟 關帝云以是日降 隣里祈禱相呼召
油壁輕車碾細草 少婦箇箇明粧耀 斂上雲髮髻成梁 烏緞束首縈廻妙
行行點綴五色珠 巧揷鬢花花相肖 臙紅粉白嬌相矜 細吸煙茶無老少
驚見箕邦使車至 環擁左右競瞻眺 少女應知未嫁人 低頭偸視不言笑
蓮步盈盈入廟門 帝前四拜名香燒 喃喃語多聞不知 的是灾禳仍福要
胡俗本自無禮防 況乃此地是邊徼 車中緩誦鷄鳴章 何處春塘梟鴈叫38)

정조 즉위 초인 무술년(1778)에 청나라에 보낼 사신단의 정사를 결정
하지 못해 고민하던 정조는 蔡濟恭(1720-1799)에게 그 임무를 맡기기로
하였고, 채제공도 흔쾌히 그 명을 받들었다.39) 위의 시는 관왕의 탄생일
에 중국 동북지방의 현지인들이 관묘에 찾아가 기도하는 모습을 자세하
게 묘사하고 있다. 젊은 아낙들의 화장한 모습과 치장, 노소간에 허물없
이 담배 피우는 모습, 중얼중얼 기도하는 모습 등이 마치 한 폭의 풍속화
를 보는 듯이 그려졌다.

관왕묘는 사방이 똑같은데,
아로새기고 단청한 것이 온갖 기교를 다하였네.
제향은 도리어 공자의 문묘보다 많이 하는데,
음사이긴 오히려 절간과 비슷하네.

---

38) 蔡濟恭,「關廟行」,『樊巖集』卷13.
39) 蔡濟恭,「含忍錄序」, 같은 책, 같은 곳. "戊戌三月初二日朝 上命大臣承文院公
    事提調入侍 提調卽賤臣也 冬至使先來 方入來 而以奏文中句語欠穩 淸皇有嘖
    言 意以爲上必有所俯詢事宜者 忙赴闕 及入侍 上曰 予新卽位而彼中事如此
    不可不差遣使臣 上价難其人 誰可任者 大臣以數人對 上默然 顧賤臣曰 予意
    欲煩卿一行 何如 臣起對曰 臣許國一死 國家有事 臣安得不行 況玆事 本不大
    段 只消一番行役而已 安敢辭爲."

성대에 그의 충의 포장한 뜻을 뉘 알리오?

도리어 어리석은 백성들 귀신만 숭상하게 했구나.

군자는 오로지 은혜를 베풀어야 길함을 논할 뿐,

신이 복을 준다 한들 관왕이 무슨 공이 있나?

關王遺廟四方同 雕繪丹靑百巧窮 禮享反多宣父殿 淫祠還類釋迦宮

誰知聖代褒忠意 轉作愚黎尙鬼風 君子惟論惠廸吉 神雖欲福渠何功[40)]

위의 시는 柳夢寅(1559-1623)이 지은 것이다. 유몽인은 관직에 있는 동안 세 차례나 중국에 다녀왔다. 경인년(1590)에는 수찬으로 명나라에 質正官으로 다녀오다가 임진왜란이 일어나 선조를 평양까지 호종하였고, 왜란 중에는 問安使 등 대명외교를 맡았으며, 기유년(1609, 광해군1)에는 성절사 겸 사은사로 세 번째 명나라에 다녀왔다.[41)] 위의 시는 세 번째 갔을 때 지은 것으로 보인다.

「관묘」에 대한 제사가 공자를 제향하는 문묘보다 더 잦은 반면 그 행태는 불교의식처럼 陰祀라고 하였다. 송대 이후 「관묘」를 세워 관왕을 襃獎한 뜻은 흐지부지 사라지고, 관왕은 백성들이 복을 비는 귀신으로 전락하고 말았다는 것이다. 관왕을 존숭하는 풍속이 변질된 것에 대한 반성적 비판을 담은 시라고 하겠다.

---

40) 柳夢寅, 「關王廟」, 『於于集』卷2. 朝天錄.

41) 徐有防, 「於于堂柳公行狀」, 『於于後集』卷6. "庚寅 由藝文檢閱 出爲江原都事 旋以質正官赴京 … 己酉(1609) 以聖節使兼謝恩使朝京."

제왕을 일컬은 지 오랜 세월 지났지만,
생전에 못나게도 수정후를 받아들였네.
정신이 이르는 곳은 쇠나 돌이 아니니,
관공은 죽어도 쉬지 않는단 말 낭설일세.

稱帝稱王亘萬秋 生前劣得壽亭侯 精神所到無金石 枉說公能死不休[42]

이 시에 이르면 관묘를 지어 관왕을 숭상하는 일 자체에 대해 비판적임을 볼 수 있다. 한나라의 정통을 이은 유비를 섬기면서도 조조가 후한 황제의 명의를 빌려 내려준 '수정후'라는 봉작을 관우가 받아들인 것은 명분에 합당한 일이 아니라는 것이다. 그럼에도 불구하고 쇠나 돌로 관왕의 상을 만들어 놓고 그 앞에 배례를 하는가 하면 관왕은 죽어서도 그 정신이 살아 있다고 하는 것은 허황된 일이라고 하였다.

그 밖에 「관묘」가 단순한 소재로만 쓰인 경우를 찾아볼 수 있다. 채제공이 연산관에서 지은 시에 "화각으로 꾸민 관묘에/먼데 계문의 바람을 끌어들이네.(畫角依關廟　長風引薊門)"[43]라고 한 것이나 柳得恭(1749-?)이 요양에서 지은 시에 "우거진 숲속 관묘에는 벽화가 그려져 있고/그윽한 소리 내는 탑령을 저녁 바람이 재촉하네.(關廟森沈畫壁開 塔鈴幽語晚風催)"[44]라고 하였는 바, 이들 시에서 '화각'이나 '벽화'는 별다른 함축적 의미가 없는 것으로 보인다.

李晩秀(1752-1820)가 계해년(1803) 사은정사로 연행을 할 때 지은 시

---

42) 沈錥, 「關帝廟」, 앞의 책, 卷6.
43) 蔡濟恭, 「宿連山關」, 『樊巖集』卷13.
44) 柳得恭, 「遼陽」, 『泠齋集』卷3.

에 "주막집 옆에 관묘가 있어/느릿느릿 잠시 찾아가 보네./그 옆에 조그
만 서당이 있어/글 읽고 웃는 소리 시끌시끌 들려오네./장씨 성의 서당
훈장은/손님 맞느라 억지로 옷깃을 여미네./묻지도 않았는데 내주에서
왔다며/궁벽한 시골에서 늙고 추레해졌다네./팔고문으로 남의 선생이 되
어/과전을 받자니 참으로 부끄럽다고./도의 멀고 가까움을 알고자 한다
면/마땅히 지혜의 길고 짧음을 견주어야지./밤들자 천둥 치며 큰 비가 내
려/나그네의 베갯머리가 편안치 않네./고향 가는 꿈도 꾸지 못하고/홀로
외로운 등불과 동무하네."45)라고 하였는데, 이 시의 「관묘」는 서당 주변
의 한 소품에 지나지 않는다.

　「관묘」를 개별감흥을 표현하는 수단으로 활용한 경우도 몇몇 있다. 경
술년(1790) 5월 청 건륭제의 八旬節에 정사 黃仁點을 따라 두 번째 연
행 길에 오른 朴齊家(1750-1805)가 7월 6일 세하를 건너 관묘참에 유숙
하며 지은 시에 "왕명을 받들고 천리를 넘어 왔는데/달리는 수레는 아직
도 쉬지를 않네./새벽의 관묘 앞길엔/낙엽 져 가을을 알리네./길이 봉수대
북쪽으로 접어들자/수숫대 위로 하늘이 드높네./종전에 연경 가던 나그
네는/변방의 시름을 알지 못했건만."46)이라고 하여 천리타향에서 느낀
자신의 시름을 관묘 앞길에 떨어진 낙엽을 통해 감각적으로 표현하고
있다.

---

45) 李晩秀, 「記行」, 『屐園遺稿』卷12. 8月 7日. "關廟在店側 緩步聊蹔尋 傍有小學
　　堂 講音哂謏謏 姓張老學究 迎賓強整襟 自言萊州人 潦倒老窮閭 八股爲人師
　　課錢良足嬔 欲知道遠近 宜較智長短 入夜大雷雨 旅枕苦不穩 家山夢不到 獨
　　與孤燈伴."
46) 朴齊家, 「七月六日。渡細河宿關廟站」, 『貞蕤閣三集』. "銜命越千里 驅車猶未
　　休 五更關廟路 一葉細河秋 路入烽烟背 天長蜀黍頭 從前燕薊客 應不識邊愁."

누가 정성된 마음을 멀리 천자께 아뢰리?

전대할 이는 어질기도 한 공뿐이리.

만리 험한 여로에 응당 모든 힘을 다하리니,

백년의 부끄러운 욕을 이번에 씻어 내리라.

오래 된 관왕묘엔 교목이 울창하고,

싸늘한 석자하엔 저녁연기가 걷히누나.

강과 바다 아득하여 이별의 한은 더해 가는데,

눈 내린 창가에 홀로 앉았자니 처량하기만 하네.

遠忧誰達九重天 專對惟公匪獨賢 萬里艱關應盡瘁 百年羞辱此堪湔

關王廟古森喬木 石子河寒霽晚煙 江海茫茫饒別恨 雪窓孤燭坐悽然47)

위의 시는 정축년(1577) 종계변무사48)로 명나라에 가는 黃琳(1517-
1591)에게 해주에 있던 李珥(1536-1584)가 지어 부친 것이다. 제2구의
'전대'는 다른 나라에 사신으로 가서 모든 질문에 응답하는 것을 말한다.
황임이 그러한 일을 맡기에는 적격이라는 것이다. 관왕묘의 울창한 교목
은 관왕이 그랬듯이 바로 나라의 기둥이 될 만한 황임과 같은 인물의 비
유라 할 수 있다. 따라서 석자하에서 걷히는 저녁연기는 한 점의 의혹도
없이 종계의 변무가 이루어지는 것을 가리킨다고 하겠다. 결국, 관왕묘
의 교목은 작자의 황임에 대한 기대와 믿음이라는 감흥을 표현하는 수단
으로 선택된 것이다.

---

47) 李珥, 「寄別黃參判汝溫琳 以改宗系事 朝天奏請 時余在海州」, 『栗谷全書拾遺』
　　 卷1.

48) 조선 건국 때부터 선조 때까지 2백여 년간 명나라의 『太祖實錄』과 『大明會典』에
　　 조선 태조 이성계가 고려말의 권신인 이인임의 후손으로 잘못 기록된 世系를 시정
　　 해 달라고 주청하기 위해 명나라에 파견된 사신을 말한다.

끝으로, 중국 땅의 관묘에 들러 우리 땅에 침입한 왜구를 몰아내 달라고 기원한 시가 있다. 金尙容(1561-1637)이 무술년(1598) 4월 성절사로 연행[49]하는 길에 장진보의 관묘에 들러, "청룡언월도와 적토마는 어디에 있는가./봉의 눈과 누에 눈썹은 엄연히 신과 같네./혁혁한 정령은 몽매하지 않으리니/원컨대 이 땅에 강림하사 요사스런 티끌을 쓸어주소서."[50]라고 읊은 것이 그것이다.

4. 한국 소재의 「關廟」

4.1. 객관적 사실 기록으로서의 「關廟」산문

국내에 있는 「관묘」에 대한 산문기록은 대체로 건치나 중수 경위 등 객관적 사실을 기록한 경우와 이미 건립된 사당에서의 제향에 대한 건의 등이 대부분이다. 고금도의 관왕묘가 명나라 수군 도독인 진린이 그 섬에 주둔할 때 세운 것이라든가[51], 안동의 관왕묘를 중수하게 된 경위를 쓴 것[52] 등이 건치나 중수 경위를 객관적으로 서술한 예다. 또한 지방

---

49) 金尙容, 「仙源先生年譜」, 『仙源遺稿』. "(隆慶)二十六年戊戌 宣祖大王三十一年先生三十八歲 … 四月 差聖節使 如京師 十二月 復命."

50) 金尙容, 「題壯鎭堡城外關王廟」후반부, 『仙源遺稿續稿』. "靑龍赤兔今安在 鳳眼蠶眉儼若神 赫赫精靈應不昧 願臨東土掃妖塵."

51) 李頤命, 「古今島遺祠記判府事李頤命」, 李舜臣, 『李忠武公全書』卷11. 附錄3. "古今島關王廟者 皇明水軍都督陳公璘之所建也 神宗皇帝萬曆戊戌 再發兵征倭 陳公將廣兵五千 與我統制使李公 共禦海道 來屯此島 廟建在其時也."

52) 金祖淳, 「安東關王廟重修記」, 『楓皐集』卷15. "今上十八年戊寅 府使尹公魯東 莅治經歲 政成而事擧 及環視廟宇 喟然興感 土木之頹圮者易之 神像之黯昧者

관묘의 제례는 고금도의 경우에 준하게 하고, 그 節目은 서울의 동남
관묘의 예에 따르게 하는 등 관묘 제례에 관한 건의를 한 사례도 있다.[53]
　　서울의 남관왕묘와 영남의 안동과 성주에 관묘를 건립한 객관적 사실
의 전달과 아울러 관왕에 대한 존숭을 알려주는 자료가 있다. 柳成龍
(1542-1607)의 관왕묘에 대한 기록이 그것이다. 앞부분에서는 무술년
(1598)의 남관왕묘 건립 경위를 소개한 뒤 관왕상의 모습과 관왕에 대한
明朝의 존숭 태도를 다음과 같이 서술하였다.

　　관왕상은 흙을 빚어서 만들었는데, 얼굴은 짙은 대추처럼 붉고, 봉의 눈에
수염은 배를 지나도록 드리워져 있었다. 좌우에 두 사람의 소상이 있는데, 큰
칼을 들고 시립해 있었다. 그들은 관평과 주창이라고 하는데 마치 산 사람처럼
엄연하였다. 이로부터 모든 장수들은 매번 출입할 때마다 참배하며, "우리나라
를 위해 신의 도움을 청하여 왜적을 물리쳤다."라고들 하였다. … 서울의 관왕
묘 앞에는 긴 장대에 깃발 두 개를 만들어 세워놓았다. 한 쪽에는 '협천대제'라
고 썼고, 다른 한 쪽에는 '위진화이'라고 썼는데, 글자가 큰 서까래 만하였다.
바람이 불어 공중에서 깃발이 펄럭이면 원근에 있는 사람들이 다들 우러러 바
라보았다. 관우를 협천대'제'라고 한 것은 명나라에서 추숭한 것으로, 관우에
대한 존숭이 지극하였음을 볼 수 있다.[54]

　　新之 丹靑改觀 體貌重嚴 祥慶之降 屈指可期."
53) 金昌集, 「古今島關王廟 陳都督 忠武公李舜臣廟額號祭儀議」, 『夢窩集』권10.,
　　李頤命, 「古今島關王廟額號祭禮議」, 『蘇齋集』卷9., 金鎭圭, 「禮曹古今島 安
　　東 星州關王廟祭儀磨鍊啓」, 『竹泉集』卷30. 등이다.
54) 柳成龍,「記關王廟」, 『西厓集』卷16. "其像塑土爲之 面赤如重棗 鳳目 髥垂過腹
　　左右塑二人 持大劍侍立 謂之關平周倉 儼然如生 自是諸將 每出入參拜 皆曰
　　爲東國求神助御賊 … 京師廟前 立二長竿懸兩旗 一書協天大帝 一書威震華夷
　　字大如椽 因風飄拂半空 遠近皆仰而見之 其帝號亦皇朝所追崇云 可見其尊崇
　　之至也."

유성룡의 기록 가운데 한 가지 특이하게 관묘와 관련된 괴변을 서술한 것이 있어 당시 사람들이 관묘에 대해 어떠한 생각을 가지고 있었는가를 엿볼 수 있는 자료로 주목된다. 관묘와 관련된 괴변은 임진왜란 후 인심이 안정되지 않은 데서 생겨난 것임을 말하고 있다.

계묘년(1603) 봄 경강의 노량진에서 큰 돌이 물속에서 벌떡 일어나 물가의 다른 돌 위에 올라섰다. 또 황해도 풍천의 바다 속에서 돌이 물에 가라앉았다가 어느 날 다른 돌 위로 옮겨 가서 섰다. 또 강원도 양양 낙산사 아래서 두 돌이 바다 속으로부터 나와 바닷가 돌 위에 멈추었다. 또 경상도 경주 자인현에서는 돌이 벌떡 일어나 수십 보를 걸어갔는데, 돌이 일어날 때에 많은 사람들이 그것을 보았다. 구부리고 왔다 갔다 하는 것이 마치 사람의 모양이어서 더구나 해괴하였으나 그것이 무슨 변고가 될지는 알지 못하였다. 또 함경도의 바닷물이 붉게 탁해졌는데 아교처럼 끈적거려 배가 나아가기 어려웠다. 그 물을 끓여 만든 소금 또한 비려서 먹을 수가 없었다. 북으로부터 동쪽으로 강원도 통천에 이르렀고, 양양에 와서야 그쳤는데 무릇 7일 동안이나 그랬다. 또 서울의 서강에 사는 사람들이 어느 날 밤 모두들 놀라 산골짜기로 피하여 달아난 사람들이 많았다. 더러는 물건을 가지고 강을 건넌 사람도 있었다. 그 까닭을 물으니, 밤중에 기마대가 시살하는 소리가 서울로부터 들려왔다는 것이었다. 이런 말을 들은 사람들이 서로 전하며 놀라면서 이 같은 변이 있지 않을까 의심하였다. 그 뒤, 사람들은 남관왕묘 신령이 그런 것이 아닌가 하고 쑥덕거렸다는데, 인심이 안정되지 않은 것이 이와 같았다.[55]

---

55) 柳成龍,「記異」,『西厓集』卷16. 雜著. "癸卯春 京江露梁 有大石自水中起立於岸上他石上 又黃海道豐川海中 有石沈在水底 一日移立於他石上 又江原道襄陽洛山寺下 有二石自海中來閣於岸石上 又慶尙道慶州慈仁縣 有石起行數十步 其起時 衆皆見之 曲折往復如人樣 殊可怪 不知其爲何變 又咸鏡道海水赤濁膠粘 不利行舟 以水煮鹽 亦腥不可食 自北而東 至江原道通川襄陽而止 凡

4.2. 다양하게 노래된 「關廟」제영

　한국 소재 「관묘」를 두고 읊은 시는 대체로 관왕에 대한 존숭, 관왕을
존숭하는 풍속에 대한 묘사, 태평성대를 노래한 시가 있는가 하면 「관묘
」가 단순한 소재로 쓰인 시, 작자의 개별적 감흥을 표현하는 수단으로
활용한 경우, 반성적 비판을 담은 시 등으로 다양하게 나타난다. 먼저 관
왕에 대한 존숭을 나타낸 시를 보기로 하자.

> 삼가 관왕을 생각하노니,
> 일대의 영걸이로다.
> 살아서는 충절을 다하였고,
> 사후에는 명성을 드리웠네.
> 군신 사이에 뜻이 잘 맞음은
> 고금에 유일한 사례였네.
> 우리 황조께서도 감격하시어,
> 혈식을 폐하지 않으셨네.

> 恭惟關王 一世之英 生盡忠貞 死垂聲名
> 君臣際會 古今一例 感我皇祖 血食不替

　위의 시는 裵龍吉(1556-1609)이 안동의 관왕묘를 건립하게 된 배경과
경위를 서문에서 밝히고 쓴 것의 일부다. 만력 26년(1598) 구원병으로

七日 又京中西江人 一夜相驚 多奔避山谷 或有搬移東西過江者 問其由 以爲
夜中有兵馬廝殺之聲 自京城而來 聞者傳相驚駭 疑有變如此 其後人疑南關王
廟神靈所爲云 人心之不定類此."

온 명나라 眞定營都司 薛虎臣이 안동부에 주둔하여 학록산 남쪽 낙동
강 가에 관왕묘를 건립하여 제향을 하게 된 경위를 말한 뒤 관왕에 대한
존숭의 뜻을 표현한 대목이다. '血食'은 국가적인 祭典을 말하는 것으로
관왕에 대한 제향이 끊이지 않았음을 말한 것이다.[56]

> 공께선 절의로 한실을 떠받들고,
> 신병으로 이웃나라의 위험에 도움 주셨네.
> 자나 깨나 나는 목을 늘이고,
> 강호의 길을 걸어 사당에 드네.
> 궂은 비 내리는 벽에는 단청을 했고,
> 상쾌한 바람에 깃발은 나부끼네.
> 참으로 아름답도다! 공의 빼어난 수염이.
> 이밖에 뉘를 영웅이라 하랴!

> 公推扶漢義 陰祐海邦危 寤寐吾延頸 江湖路入祠
> 丹靑冥雨壁 精爽颯風旗 信美髥之絶 英雄此外誰[57]

이 시는 金昌翕(1653-1722)이 쓴 것이다. 작자는 관우를 존숭하는 이

---

56) 裵龍吉, 「武安關王廟碑銘 幷序」, 『琴易堂集』卷6. "關王廟徧宇內 惟屬國無所
建 有明萬曆卅六年夏四月 都司薛侯虎臣奉命東征 駐營本府 勝算未決 軍吏多
暇 乃謀諸同駐諸將曰 惟玆關王 血食中土 蓋祀典然也 顧惟朝鮮 恭事天朝 實
同內服 未有王廟 大爲欠典 當此搶攘 以神道詔民 用兵之道也 盍立像宇 以妥
王靈 以鎭夷禍 於是 擇地於府城西北隅 背鶴面洛 盤鬱爽塏 乃伐石鳩材 鎪治
甫訖 未及揭虔 令申征勦 馳圍賊巢 適天心悔禍 夷酋自斃 厥將淸正以下 亦讋
服天威 胆裂潛逃 是年冬十有二月 奏凱還營 侯乃卜吉 以某日朝 恭奉牲齊 俯
伏灌薦 肸蠁旣通 卽稽首告曰."
57) 金昌翕, 「關王廟」, 『三淵集』卷3.

유를 몇 가지로 들었다. 첫째는 한실을 떠받든 절의, 둘째는 임진왜란 때
의 陰佑, 셋째는 아름다운 수염을 들었다. 이러한 몇 가지 이유를 들다가
한마디로 '이밖에 누가 영웅인가?'라고 함으로써 관우만이 유일한 영웅
이라는 단정을 내리고 말았다.

관왕은 한나라 때 영웅으로,

영웅적 풍모가 천년토록 전해지네.

인심은 관왕의 의열에 격동되어,

온 나라가 한결같이 정결한 제사를 지내네.

(중략)

지난날 섬나라 왜구들을 내쫓아,

혁연히 우리나라에 임하셨네.

구름 속에서 온갖 군기가 내려오고,

꾸짖는 소리 천지에 가득했네.

이에 왜구들이 크게 무너지고,

신령스런 무위를 끝없이 떨치셨네.

중원의 여러 장군과 군사들이

이곳에 사당을 세웠다네.

(중략)

내 다행히 사당 근처에 살면서,

그 분의 의리를 사모하여 항상 허리 굽혀 절을 했네.

(후략)

關王漢時雄 千載颯英風 人心激義烈 精禋萬國同 …

往時逐島冠 赫然臨大東 雲中萬廳降 呵叱聲豊隆

羣獠乃大崩 神武揚無窮 中原諸將士 於此築靈宮 …
我居幸隣近 慕義常鞠躬 … 58)

위의 시는 李獻慶(1719-1791)이 관묘에 배알하고 지은 시의 일부다. 인용한 앞부분에서는 관왕이 의리와 절개의 대명사가 되어 중국뿐만 아니라 주변의 여러 나라에서 제향되고 있음을 말하였다. 이어서 관왕이 임진왜란 때 우리나라를 음조하여 왜구들이 물러나게 한 공적을 찬양하고 그로 인해 사당이 건립된 사실을 언급하였다. 뒷부분에서는 작자 자신의 관왕에 대한 존숭의 뜻을 말하면서 마무리를 지었다. 뒤주에 갇혀 죽은 세자로 유명한 장헌세자도 관묘를 두고 "충의는 천고에 걸치고/두터운 은혜는 임진란에 베푸셨네./동묘 남묘가 있어/큰 절개를 지금까지 전하네."59)라고 관왕을 존숭하는 뜻을 노래하였다.

이덕무는 「城市全圖」라는 장편시 가운데 "동묘 남묘가 서로 멀리 바라보고/영령을 편안히 하려 천년 세월 향기로운 음식으로 제향하네."60) 라고 하여 동관왕묘와 남관왕묘에서 관왕을 존숭하는 풍속이 있었음을 전해 주고 있다.

채제공은 「坡谷八景」을 읊는 가운데 제8경으로 關廟習樂을 들고,

---

58) 李獻慶, 「謁關王廟」, 『艮翁集』卷8.
59) 莊獻世子, 「關王廟」, 『凌虛關漫稿』卷1. "忠義亘千古 洪恩壬癸年 東南廟宇在 大節至今傳."
60) 李德懋, 「城市全圖 七言古詩 百韻○壬子四月命禁直諸臣製進 兵曹佐郎申光河檢書官朴齊家檢校直閣李晩秀右副承旨尹鼎秉及公兼檢書官柳得恭同副承旨金孝建前奉敎洪樂游行左承旨李集斗檢校直閣徐榮輔前奉敎李重蓮左副承旨李百亨兵曹佐郎鄭觀輝右承旨申耆注書徐有聞兵曹正郎鄭東幹前檢書官李蓋模 被選優等 六人之券 各有御評 公之券 書雅字 命六人 再試金剛一萬二千峰五十韻排律」, 『雅亭遺稿』12, 『靑莊館全書』권20. "東南關廟遙相望 妥靈千秋芬苾祀."

"동해에 물결 자고 햇빛이 쨍쨍한데/허공에 울음소리 들리나 신마는 찾을 수 없네./사당에는 지금까지도 꽃피는 달밤이면, 한가로운 퉁소 소리 태평음이 들리누나."61)라고 태평연월을 구가하였다.

「관묘」가 단순한 소재로만 쓰인 경우를 다수 찾아볼 수 있다. 李慶全(1567-1644)은 경성의 판관으로 가는 지인을 관왕묘에서 전송하며, "패수의 긴 다리에 지는 해 훤히 비추는데/몇 번이나 헤어져도 이별의 정은 매한가지./짜증스러워라, 길옆에 새로 지은 사당은/관왕을 위해서가 아니라 이별을 위해서라네."62)라고 하여 관묘를 단순히 송별의 장소로 말하였을 뿐이다.

金昌集(1648-1722)도 새벽에 읊은 시에서 "관묘 밖에는 끊어질 듯 이어지는 초동의 노래/영교 가에는 처량한 해로가63)가 울려 퍼지네."64)라고 하여 만가가 울려 퍼지는 영교 가라는 공간과 초동의 노래가 울려 퍼지는 관묘 밖이라는 공간을 대조적으로 나타내기 위한 단순 소재로 관묘를 끌어들였다고 할 수 있다.

金昌業(1658-1721)이 중양절 다음날 지인인 祐의 병이 깊어졌다는 말을 듣고 도성으로 들어가며 지은 시의 제3수에 "만나는 사람 대다수가 술에 취했고/관묘에는 저녁 해가 저물어가네."65)라고 한 바, '해 저무는

<ol start="61">
<li>蔡濟恭, 「坡谷八景」第8景 關廟習樂, 『樊巖集』卷3. "東溟波靜日華森 神馬嘶空不可尋 廟裏祇今花月夜 彩簫閒捻太平音."</li>
<li>李慶全, 「關廟送鏡城半剌三首」제3수, 『石樓遺稿』卷1. "灞水長橋夕照明 幾多離別古今情 生憎路左開新廟 不爲關王爲送行."</li>
<li>사람의 생명이 마치 부추 잎에 내린 이슬처럼 허무하다는 뜻에서, 상여가 나갈 때에 부르는 輓歌를 일컫는 말이다.</li>
<li>金昌集, 「曉吟」, 『夢窩集』卷2. "斷續樵歌關廟外 凄涼薤曲永橋邊."</li>
<li>金昌業, 「重陽翌日 聞祐病有加入城」其三, 『老稼齋集』卷3. "逢人多帶醉 關廟夕陽曛."</li>
</ol>

관묘'라는 시공간의 배경적 의미 이외에는 달리 함축적 의미가 발견되지 않는다. 따라서 관묘가 단순한 소재로 쓰였음을 알 수 있다.

> 아침저녁 이리저리 도박장으로,
> 하루에 천만 꿰미를 다 털어버렸네.
> 그대 보지 못했는가, 남관묘 한밤중 추위에
> 오돌오돌 떠는 거지들도 모두 당년에는 부자였음을!
>
> 朝東暮西博奕場 一日揮盡千萬貫 君不見南關廟裏半夜寒 乞兒總是
> 當年豪富漢[66]

위의 장단구는 申靖夏(1681-1716)가 조카인 申昉(1685-1736)에게 보낸 편지 가운데 보이는 시다. 작자와 같은 마을에 사는 악소패 석강이라는 자가 부채에 행초서 시 한 편을 써달라고 했는데, 그가 노름을 좋아하여 가산을 다 날린 일이 있었으므로 이 시를 써주었다는 것이다. 이 시에서 남관왕묘는 거지들의 노숙처였다는 정보 이상의 의미가 발견되지 않는다. 곧 단순 소재로 쓰였기 때문이다.

任埅(1640-1724)이 도원을 향해 도성을 나서며 지은 시에서 "느릿느릿한 행색이 동문에 올라/관왕묘 뒷마을에 말을 매네."[67]라고 한 것이나

---

66) 申靖夏「與昉」,『恕菴集』권7. 尺牘. "昨日飯後體甚困 欲作策則懶不能强 方獨坐無聊 忽同里惡少錫强者 以一扇求行草 欣然從之 然欲寫古人名句則無味 忽思此漢從來好着賭奕 罄失家財 其母曾甚憂之 故以數句寫贈曰 …… 未知此漢能知其意而有以改其前行否 汝可取而一觀 以發一笑也."

67) 任埅,「三月卅六日 發向桃源 出城作」,『水村集』卷2. "遲遲行色上東門 立馬關王廟後村."

申緯(1769-1845)가 봄나들이 길에 지은 시에서 "복앙문 남쪽의 관제묘
엔/산 따라 익은 길에 풀이 우거졌네."68)라고 한 것, 姜瑋(1820-1884)가
行臺69)가 되어 나가며 관묘에 들러 배례하고 지은 시에서 "맑은 새벽
신령스런 바람이 울긋불긋한 깃발을 날리는데/관후사에 들어가 앞길을
물어보네./산천에서의 노역은 평소의 할 일임을 알겠는데/국가의 평안은
멀기만 함을 절감하네."70)라고 한 데서도 관묘는 단순한 소재 이상의 의
미가 발견되지 않는다.

> 서청에서 일찍이 벼슬했던 일,
> 생각하면 목릉의 조정이었네.
> 상감께서 관묘에 거둥하셨을 때,
> 등가에 피리소리 어울렸었지.
> 교산에 궁검 묻음 오래되었고,
> 상전벽해 세월이 아스라하네.
> 서글퍼라 다시금 찾아온 이날,
> 외로운 넋 남모르게 녹아내리네.

西淸曾忝侍 憶在穆陵朝 御蹕臨關廟 登歌雜鳳簫
喬山弓劍遠 桑海歲年遙 惆悵重遊日 孤魂暗自消71)

---

68) 申緯, 「謁關廟 小憩城陰賞春 是日也 兒孫偕來 荷裳蘆窓蘭士亦至」, 『警修堂
   全藁』23冊. "祝聖三藁 丙申正月 至四月 覆盎門南關帝廟 沿岡路熟草芊綿."
69) '행대'는 조선시대 지방관의 비위사실을 조사하기 위해 파견한 사헌부의 관리를
   말한다.
70) 姜瑋, 「行臺 拜關廟 抽三十四籤 雖然 目下多驚險 保汝平安去復回 是讖辭也」,
   『古歡堂收艸詩稿』卷13. 北遊續艸. "淸曉靈風拂畫旌 關侯祠裡問前程 川原勞
   役知常分 家國平安切遠情 萑澤要人無豫具 蔬田逸馬有歎聲 示我周行承眤厚
   應知對語戒危傾."

「관묘」를 개별감흥을 표현하는 수단으로 활용한 경우도 몇몇 있다. 위의 시는 申欽(1566-1628)이 갑인년(1614) 손님을 전송하느라 남관왕묘에 갔을 때 예전의 일을 생각하면서 지은 것이다. 남관왕묘가 건립되던 무술년(1598)에 작자는 선조를 모시며 홍문관에서 벼슬을 하고 있었다. 首聯의 진술이 그것이다. 頷聯은 선조가 남관왕묘에 거둥하였을 때의 모습을 회상한 것이다. 頸聯에서 말한 喬山의 弓劍은 임금의 승하를 뜻한다.[72] 尾聯의 '다시 찾아온' 남관왕묘는 단순한 소재가 아니라, 선왕에 대한 슬픔을 환기시켜주는 구실을 하고 있다. 즉, 작자의 개별적 감흥을 표현하는 도구로 쓰인 것이다.

인조 때 경상도 병마절도사에 임명된 鄭忠信(1576-1636)이 남관왕묘로 내려준 어사주에 감격하여 지은 "남쪽 교외 눈 내린 날 어사주가 향기롭고/떠나는 길 가득 따른 술 오래 마시니 영광일세./머리 조아려 북향 사배하니 감격의 눈물 흐르고/관왕 앞에 스스로 충성을 다하리라 맹세하네."라는 시에서 관왕은 충성의 상징으로, 작자 자신의 충성심을 대신해 표현하는 수단으로 쓰였음을 알 수 있다.[73]

---

71) 申欽, 「南關王廟送客有感」, 『象村稿』卷10. "戊戌春 南關王廟成 天朝將官劉寅 實董其事 固請宣祖大王親臨 宣祖大王命儒臣考出關王祠原係祀典與否 時晩 翠吳公億齡爲副提學 余爲應敎 同直玉堂 考大明會典則關廟在山川各神之列 春秋降香 以此具奏 翌日 宣廟駕如廟 躬行祭奠訖 天朝將官齊會祠下 備呈雜 戲 都人飫觀 今十六年矣 適緣送客至廟 愴然有懷舊之感."

72) 黃帝를 喬山에 장사지냈는데 나중에 산이 무너졌을 때 보니 관속이 비어 시신은 없고 부장했던 활이며 검, 신발 등만 남아 있었다는 데서 임금의 죽음을 뜻한다. 葛洪의 『抱朴子』極言 참조.

73) 鄭忠信, 「赴慶尙左兵營 宣醞于南關王廟 感恩」, 『晩雲集』卷1. "南郊雪日內醞 香 行路榮看引滿長 稽首拜天揮感淚 丹心默自誓關王."

아침에 조랑말 타고 온 것은,

기린의 수령을 전송하기 위함일세.

기린이야 본디 잘 달리는 짐승인데,

어찌 현령쯤으로 낭패를 보게 됐나.

신령스런 사당에서 서로 만나서,

술 한 단지 앞에 놓아두고,

술잔 들어 미염의 관공에게 삼가 올리나니,

영령께서 지금쯤 내려다보실는지.

달팽이 뿔 위의 분분한 싸움,

얻고 잃을 것이 다시 뭐가 있을까.

영웅과 우리를 비교해 보면,

태산과 하나의 야트막한 언덕일 뿐.

그래도 영웅과 우리 사이에,

기와 우가 있는 것은 역시나 마찬가지.

우주를 울리는 시인의 노래 속에,

지는 햇빛 말 머리에 떨어지누나.

朝乘款段駒　來送麒麟守　麟也本逸足　百里困顚踣
相將神祠中　前有一樽酒　擧酒酹髥公　英靈今在否
紛紛蝸角上　得失復何有　英雄視吾人　泰山一培塿
但於其兩間　亦各奇與偶　狂歌激宇宙　落日在馬首74)

　위의 시는 李植(1584-1647)이 인제 현감이 되어 떠나는 具仁基 (1597-1676)를 관왕묘에서 송별하며 지은 것이다. 麒麟兒의 재주를 갖

---

74) 李植,「關王廟中 送具伯羣赴任麟蹄縣」,『澤堂續集』卷1.

춘 구인기가 고작 인제 현감을 맡게 된 것을 위로하는 한편, 오랜 세월 동안 영웅으로 칭송되어 온 관왕에 작자와 구인기를 비교해 보면 태산과 언덕의 차이가 있다면서 蝸角之爭에서 무슨 득실이 있겠느냐고 하였다. 그러나 관왕과 같은 영웅도 때를 만나지 못해 비명에 가고 말았으니, 때를 만나지 못했다고 한탄하지 말자는 뜻을 관왕을 통해 나타냈다. 따라서 관왕 혹은 관묘는 작자의 개별적인 감흥을 나타내기 위한 수단으로 쓰였다고 할 수 있다.

5. 마무리

이 글은 이웃나라 중국 문화의 산물인 「關廟」에 대한 조선조 문인들의 생각을 밝혀내는 것을 목표로 하였다. 關羽에 대한 祭享이 중국에서는 唐나라 때부터 시작되었고, 조선에서는 宣祖 때부터 비롯되었다. 그러나 양국 사이의 제향하는 의미는 다소 다르게 나타난다. 중국인들은 관우를 전쟁 때는 軍神으로, 太平時에는 가뭄·질병·기근을 해결해주는 신으로 崇仰하다가 근대에는 財神으로 숭앙하기도 하였다. 이에 비해 조선에서는 국가의 안녕을 비는 수호신으로 숭앙하였고, 관묘는 使臣團이 旅程의 무사를 빌거나, 邊方으로 나가는 文武官이 拜禮하는 곳, 그들을 위한 송별의 장소이기도 하였다.

조선조 문집에 나타난 「關廟」 관련 詩文은 크게 중국 땅에 있는 祠堂을 보고 지은 것과 국내의 사당을 보고 지은 것으로 나누어진다. 위에서 논의한 것을 요약하는 것으로 마무리를 삼는다.

중국 소재「관묘」에 대한 산문 기록은 대체로 明에 사신으로 갔던 이들의 朝天記錄이나 淸에 사신으로 갔던 이들의 燕行記錄에 나타나 있다. 그들이 본「관묘」가 굉장·엄숙·장려하다는 진술, 그 건립사실에 대한 서술, 관왕 존숭의 풍속 서술, 그에 대한 반성적 비판 등으로 나타난다. 선조조에 다수 나타나기 시작한 이러한 사행록은 후대 담헌의「연기」나 연암의「열하일기」로 이어진다는 점에서 문학사적인 의의를 찾을 수 있다.

중국 소재「관묘」에 대한 제영은 대체로 관왕에 대한 존숭,「관묘」를 통해 느낀 인생무상을 노래하는 등 感懷詩와 관왕을 존숭하는 풍속에 대한 묘사, 관왕 존숭 풍속의 변질과 반성적 비판 등 風物記로서의 시가 있는가 하면「관묘」가 단순한 소재로 쓰인 시, 작자의 개별적 감흥을 표현하는 수단으로 활용한 경우, 적을 쫓아달라고 기원하는 시 등으로 나타난다.

조선조 선조 이후 조선에 건립된 관묘에 대한 산문기록은 대체로 건치나 중수 경위 등 객관적 사실을 기록한 경우와 이미 건립된 사당에서의 제향에 대한 건의 등이 대부분이다. 고금도의 관왕묘가 명나라 수군 도독인 진린이 그 섬에 주둔할 때 세운 것이라든가, 안동의 관왕묘를 중수하게 된 경위를 쓴 것 등이 건치나 중수 경위를 객관적으로 서술한 예다. 또한 지방 관묘의 제례는 고금도의 경우에 준하게 하고, 그 節目은 서울의 동남 관묘의 예에 따르게 하는 등 관묘 제례에 관한 건의를 한 사례도 있다.

조선 소재「관묘」를 두고 읊은 시는 대체로 관왕에 대한 존숭, 관왕을 존숭하는 풍속에 대한 묘사, 태평성대를 노래한 시가 있는가 하면「관묘」

가 단순한 소재로 쓰인 시, 작자의 개별적 감흥을 표현하는 수단으로 활용한 경우, 반성적 비판을 담은 시 등으로 다양하게 나타난다. 그러나 조선조 문인들이 바라본 중국인들의 관묘 숭앙의 모습은 상당히 낯선 것이었다.

조선조의 문인과 중국인들의 「관묘」에 대한 생각의 차이는 李圭景 (1788-1853)의 「關壯繆辨證說」이 잘 대변해주고 있다. 이규경은 이 글에서 祝允明의 「關王廣記」 가운데 "宋 나라 때 武安王으로 追封하고 廟號를 義勇이라 했는데, 道家流가 또 神으로 信奉하고 있다. 關王을 義勇한 사람이라고 한다면 옳지만, 그가 淸淨無爲한 도가류와 무슨 관계가 있다고 그처럼 신으로 신봉하는지 모르겠다. 아마도 도가의 修鍊術에는 반드시 魔鬼를 제어해야 하기 때문인 것 같다."라는 대목을 인용한 뒤, 明나라 神宗 때 伏魔大帝로 추봉한 것도 바로 그런 의미였다면서, 朱完元의 다음과 같은 말을 빌려 이에 대한 명쾌한 풀이와 함께 千古의 獨見이라고 함으로써 조선조 문인들의 중국인들과는 다른 생각을 대변하였다.[75)]

명나라 때 복마대제로 추봉한 것은 사실 마귀로써 마귀를 제어하자는 것에 불과하다. 마귀란 본시 자신만을 신봉해 주기를 바라는 존재이므로 도가류가 옛적 名士의 名目을 빌려 그 神異한 것을 나타내어 사람으로 하여금 신봉하도록 만들려던 것이고, 진정 관왕의 신이 그러한 것이 아니다.[76)]

75) 李圭景, 「關壯繆辨證說」, 『五洲衍文長箋散稿』 經史篇 6, 論史類 2, 人物. "祝允明關王廟記 宋時 追封武安王 廟號義勇 而道家者流 又崇之爲神君 夫以羽爲義勇則可 又何關於淸淨無爲之道家 而崇信至此 意者修鍊之術 必須驅除鬼神 故然也 宋[sic.明]之追封伏魔大帝 卽其事也."
76) 같은 곳. "宋[sic.明]之伏魔 卽以魔驅魔也 魔欲奉己 故假古士名目 現爲神異 使

조선조 문인들이 「관묘」와 관련된 중국의 문화현상 중 의용한 관우에 대해 존숭의식을 가지는 측면에서는 중국인들과 유사하다고 할 수 있으나, 관우가 신격을 띠고 종교적 신앙의 대상이 되는 것에 대해서는 각종 시문을 통해 비판하고 있다는 것이 「관묘」 제영 시문의 또 다른 문학사적 의의라고 하겠다.

人仰望 非眞有關羽之神如此也 此千古獨見也."

| 參考文獻 |

柯劭忞,『新元史』

覺　岸,『東師列傳』

歐陽玄,『圭齋文集』

權　近,『陽村集』

金九容,『惕若齋學吟集』

金宗瑞 等編,『高麗史節要』

明　本,『天目中峯和尙廣錄』

傅若金,『傅與礪詩文集』

徐居正 等編,『東文選』

釋廣賓,『西天目祖山志』

成石璘,『獨谷集』

蘇　軾,『東坡集』

宋　濂,『宋學士文集』

宋　濂 等編,『元史』

沈　括,『夢溪筆談』

吳　當,『學言稿』

虞　集,『道園學古錄』

元天錫,『耘谷行錄』

危　素,『危太樸文續集』,『危太樸雲林集』

劉　基,『誠意伯文集』

尹國馨,『甲辰漫錄』

李圭景,『五洲衍文長箋散稿』

李奎報,『東國李相國集』

李德懋,『靑莊館全書』

李　穡,『牧隱文藁』,『牧隱詩藁』

李崇仁,『陶隱集』

李　瀷,『星湖僿說』

李　耆,『玉岑山慧因高麗華嚴敎寺志』

李齊賢,『益齋亂藁』

李　集,『遁村雜錄』

李　荇 等編,『新增東國輿地勝覽』

任　昉,『述異記』

張廷玉 等編,『明史』

鄭道傳,『三峯集』

鄭夢周,『圃隱集』

程文海,『楚國文憲公雪樓程先生文集』

鄭元祐,『僑吳集』

鄭麟趾 等編,『高麗史』

鄭　樞,『圓齋集』

趙慶男,『亂中雜錄』

周南瑞,『天下同文』

朱德潤, 『存復齋文集』

陳　澔, 『梅湖遺稿』

韓　脩, 『柳巷詩集』

許　篈, 『荷谷集』

惠　皎, 『梁高僧傳』

洪　侃, 『洪厓遺稿』

姜一涵, 『元代奎章閣及奎章人物』, 聯經出版事業公司, 1981.

강춘애, 「韓國 關廟와 中國 關羽戲 연구」, 『샤머니즘연구』4, 한국샤머니
　　　즘학회, 2002.

桂栖鵬, 「元代科擧中的高麗進士」, 『韓國研究』, 韓國研究叢書2, 杭州,
　　　杭州大學出版社, 1995.

高柄翊, 『東亞交涉史의 研究』, 서울대 출판부, 1970.

高八美, 「韓愈詩와 佛敎와의 관계」, 『중국학』31, 대한중국학회, 2008.

高惠玲, 「稼亭 李穀과 元 士大夫와의 交遊」, 『民族史의 展開와 그 文化』
　　　上, 창작과비평사, 1990.

국학자료간행회, 『을병연행록』, 명지대 국학자료간행회, 1983.

屈守元·常思春 編, 『韓愈全集校注』, 成都, 四川大學出版社, 1996.

金基卓, 「益齋의 <瀟湘八景>과 그 影響」, 『中國語文學』3, 嶺南中國語
　　　文學會, 1981.

金洛必, 「養生論과 性命論의 흐름에서 본 性命雙修論」, 『泰東古典研究』
　　　2, 翰林大 泰東古典研究所, 1986.

金庠基, 『東方史論叢』, 서울대 출판부, 1974.

＿＿＿, 『高麗時代史』, 서울대 출판부, 1990.

金時鄴, 「麗元間 交流文學에 對하여」, 『韓國漢文學研究』5, 韓國漢文學
　　　研究會, 1980-81.

金周漢, 「燕行錄을 통해 본 韓中文化交流」, 『慕山學報』3, 慕山學會, 1991.

金泰永, 「高麗後期 士類層의 現實認識」, 『創作과 批評』44, 1977.

金泰俊, 『洪大容과 그의 時代』, 一志社, 1982.

______, 『洪大容評傳』, 民音社, 1987.

______, 「洪大容」, 『韓國文學作家論』, 現代文學社, 1991.

金翰奎, 『韓中關係史』1, 도서출판 아르케, 1999.

金惠婉, 「毉山問答을 통해 본 洪大容의 新學問觀」, 『首善論集』11, 成均館大學校 大學院, 1987.

김기영, 「한유의 불교 배척과 여말선초의 배불론」, 『윤리연구』42, 한국국민윤리학회, 1999.

김동욱, 『高麗後期 士大夫文學의 研究』, 상명여대 출판부, 1991.

김명자, 「안동의 관왕묘를 통해 본 지역사회의 동향」, 『한국민속학』42, 한국민속학회, 2005.

김성룡, 『여말선초의 문학사상』, 한길사, 1995.

김용국, 「관왕묘 건치고」, 『鄕土서울』25, 서울시사편찬위원회, 1965.

김윤수, 「고종시대의 난단도교」, 『東洋哲學』30, 한국동양철학회, 2008.

김정숙, 「韓中日 文言短篇集 속 妖怪와 鬼神의 存在樣相과 鬼神談論」, 『大東漢文學』28, 大東漢文學會, 2008.

김정해, 「韓昌黎와 佛敎」, 『朝鮮佛敎總報』8, 三十本山聯合事務所, 1918.

김종성, 「韓愈의 書信體散文研究」, 『中國語文論叢』17, 中國語文研究會, 1999.

김지영, 「韓國 詩話 속의 韓愈詩 評價 研究」, 『中國文學』64, 韓國中國語文學會, 2010.

김진경, 「韓愈의 排佛思想 研究」, 全北大 敎育大學院 석사논문, 2008.

김 탁, 『韓國의 關帝信仰』, 선학사, 2004.

김필래, 「關羽說話硏究」, 『漢城語文學』, 漢城大學校 한국어문학부, 1998.

南權熙, 「蒙山 德異와 高麗 人物들과의 交流」, 『圖書館學論集』21, 1994.

노장시, 『韓退之評傳』, 지식산업사, 1994.

______, 「韓愈·歐陽脩 兩人의 排佛論 小考」, 『中語中文學』34, 한국중어중문학회, 2004.

당윤희·오수형, 「朝鮮時代에 刊行된 韓愈 詩文集 板本硏究」, 『中語中文學』47, 한국중어중문학회, 2010.

都賢喆, 「高麗後期 朱子學受容과 朱子書普及」, 『東方學志』77-79, 연세대 동방학연구소, 1993.

______, 「14世紀 前半 儒敎知識人의 現實認識」, 『14세기 고려의 정치와 사회』, 민음사, 1994.

마노 다카야, 이만옥 옮김, 『道敎의 神들』, 들녘, 2001.

萬姓大同譜 發行所 編, 『萬姓大同譜』, 萬姓大同譜 發行所, 1931.

民族文化推進會, 『국역 담헌서』1-5, 民族文化推進會, 1984.

____________, 『韓國文集叢刊』, 民族文化推進會, 1990-2005.

閔賢九, 「白文寶硏究」, 『東洋學』17, 檀國大 東洋學硏究所, 1987.

박경실, 「韓愈散文硏究」, 성균관대학교 대학원 박사논문, 1995.

朴榮濟, 「원 간섭기 초기 불교계의 변화」, 『14세기 고려의 정치와 사회』, 민음사, 1994.

박우훈, 「韓國 詩話 속의 李白·杜甫·韓愈」, 『詩話學』7, 東方詩話學會, 2005.

朴現圭, 「晉州斷俗寺藏 韓昌黎集에 대한 小考」, 『中國語文學』9, 嶺南中國語文學會, 1985.

______, 「李齊賢과 元文人들과의 交流考」, 『嶠南漢文學』3, 嶠南漢文學會, 1991.

______, 「高麗僧 式無外의 文學歷程」, 『韓國學報』72, 一志社, 1993 가을.

______, 「明將 鄧子龍의 활약과 죽음」, 『韓中人文科學硏究』22, 한중인문과학연구회, 2007.

朴熙秉, 「洪大容硏究의 몇 가지 爭點에 대한 檢討」, 震檀學會 編, 『湛軒書의 綜合的 檢討』, 震檀學會, 1995.

徐東煥, 「湛軒 洪大容思想硏究」, 嶺南大 大學院 碩士論文, 1990.

蘇在英, 「壬辰錄 說話의 文學的 價値」, 『論文集』9, 崇田大學校, 1979.

______, 「洪大容의 乙丙燕行錄」, 蘇在英·金泰俊 編, 『여행과 체험의 문학』 중국편, 민족문화문고간행회, 1985.

蘇在英 外 譯註, 『乙丙燕行錄』, 太學社, 1997.

소현성, 「朱熹와 陸九淵 兄弟의 太極論辨」, 『東洋哲學』24, 韓國東洋哲學會, 2005.

손숙경, 「19世紀 後半 關王 崇拜의 擴散과 關王廟 祭禮의 主導權을 둘러싼 東萊 地域社會의 動向」, 『古文書硏究』23, 韓國古文書學會, 2003.

손영식, 「朱熹와 陸九淵의 哲學的 論辨」, 『哲學硏究』26, 哲學硏究會, 1990.

수미야 바아타르, 『中世韓蒙關係史』, 단국대 출판부, 1992.

심승구, 「조선후기 武廟의 창건과 享祀의 정치적 의미」, 『조선시대의 정치와 제도』, 집문당, 2003.

安啓賢, 「麗元關係에서 본 高麗佛敎」, 『黃義敦先生古稀紀念史學論叢』, 同 刊行委, 1960.

安章利, 『韓國의 八景文學』, 集文堂, 2002.

安輝濬, 「韓國의 瀟湘八景圖」, 『韓國繪畵의 傳統』, 文藝出版社, 1988.

楊昭全, 「元與高麗兩國人民的往來和文化交流」, 『中朝關係史論文集』, 1988.

呂基鉉, 「瀟湘八景의 受容과 樣相」, 『中國文學硏究』25, 韓國中文學會,

2002.

염호택, 「唐代 韓愈의 道佛排斥과 儒學思想에 관한 考察」, 『東西哲學研究』51, 韓國東西哲學會, 2009.

오수형 역해, 『韓愈散文選』, 서울대학교 출판문화원, 2010.

王　儀, 『蒙古元與高麗及日本的關係』, 商務印書館, 1970.

王德毅, 『元人傳記資料索引』, 新文豐出版公司, 1979.

兪　崑 編, 『中國畵論類編』, 臺灣, 華正書局, 1984.

柳基龍, 「湛軒 洪大容의 思想과 文學觀」, 『語文學』35, 韓國語文學會, 1976.

유상규, 「韓中 關帝信仰의 史的 展開와 傳承樣相」, 고려대학교 대학원 석사논문, 2010.

柳晟俊, 「惕若齋 金九容의 生涯와 詩」, 『韓國漢文學研究』5, 韓國漢文學研究會, 1981.

유　현, 「高宗時代 關王 崇拜의 擴散과 國王의 政治的 態度」, 동아대학교 대학원 석사논문, 2006.

李慶善, 「關羽信仰에 관한 考察」, 『論文集』8, 한양대학교, 1974.

李男隨, 「白文寶의 性理學受容과 排佛論」, 『韓國史研究』74, 韓國史研究會, 1991.

李佑成, 「18세기 서울의 도시적 양상」, 『鄕土서울』17, 서울특별시사편찬위원회, 1963.

＿＿＿, 「實學의 社會觀과 漢文學」, 『韓國思想史大系』1, 成均館大學校 大東文化研究院, 1973.

李元燮 譯, 『高麗高僧漢詩選』, 東國大附設 譯經院, 1978.

이유나, 「朝鮮後期 關羽信仰 研究」, 『東學研究』20, 韓國東學學會, 2006.

이종한, 「韓愈散文의 分析的 研究」, 서울대학교 대학원 박사논문, 1992.

＿＿＿, 「韓國에서의 韓愈 評價에 관한 研究」, 『中語中文學』17, 한국중

　　　어중문학회, 1995.

이준식, 「韓愈 散文에 나타난 道統論과 排佛論」, 『大東文化硏究』27, 성
　　　균관대학교 대동문화연구원, 1992.

李簾衡, 「洪湛軒의 經學觀과 그의 詩學」, 『韓國漢文學硏究』1, 韓國漢文
　　　學硏究會, 1976.

李昌龍, 「韓國文學과 韓愈」, 『先淸語文』7, 서울대학교 국어교육과, 1976.

李慧淳, 「高麗後期士大夫文學과 元代文學의 관련양상」, 『韓國漢文學硏
　　　究』8, 韓國漢文學硏究會, 1985.

印權煥, 『高麗時代 佛敎詩의 硏究』, 高麗大 民族文化硏究所, 1983.

林基中, 『燕行錄全集』, 東國大學校 出版部, 2001.

임승우, 「朝鮮時代 安東邑城 硏究」, 안동대학교 대학원 석사논문, 2000.

張東翼·權寧培, 「危素의 神光·普光寺 碑文에 대한 檢討」, 『慶北大論
　　　文集』51, 慶北大, 1991.

張東翼, 『高麗後期外交史硏究』, 一潮閣, 1994.

＿＿＿, 『元代麗史資料集錄』, 서울대 출판부, 1997.

장장식, 「서울의 關王廟」, 『關帝信仰과 關帝廟』, 한국종교사연구회, 2003.

＿＿＿, 「서울의 關王廟 建置와 關羽信仰의 樣相」, 『民俗學硏究』14, 국
　　　립민속박물관, 2004.

全寅初, 「關羽」, 『人文科學』78, 연세대 인문과학연구소, 1997.

정연학, 「中國의 武聖, 關羽」, 『博物館志』, 인하대학교 박물관, 2004.

鄭玉子, 「麗末 朱子性理學의 導入에 관한 試考」, 『震檀學報』51, 震檀學
　　　會, 1981.

정은영, 「朝鮮後期 通信使의 關王廟 訪問과 그 意味」, 『국제어문』50, 국
　　　제어문학회, 2010.

鄭寅普, 「湛軒書」, 『舊園國學散藁』, 文敎社, 1955.

정일남, 「燕行錄의 關帝廟 樣相과 이미지」, 『東方漢文學』33, 東方漢文

學會, 2007.

정재철, 「世宗代 韓愈文集의 編纂과 그 意味」, 『漢文學報』18, 우리한문
　　　학회, 2008.

______, 「朝鮮中期 文章家의 韓愈文 吐釋과 그 意味」, 『韓國漢文學研究』
　　　44, 韓國漢文學會, 2009.

조규익 외편, 『燕行錄研究叢書』5, 學古房, 2006.

趙東一, 『韓國文學思想史試論』, 知識産業社, 1978.

조동일, 『동아시아문학 비교론』, 서울대 출판부, 1993.

______, 『공동문어문학과 민족어문학』, 지식산업사, 1999.

______, 『문명권의 동질성과 이질성』, 지식산업사, 1999.

______, 『하나이면서 여럿인 동아시아문학』, 지식산업사, 1999.

조성환, 「韓愈와 佛教」, 『論文集』6, 서라벌대학, 1992.

조용구, 「事大主義의 殘滓 關王廟」, 『한글漢字文化』26, 全國漢字教育推
　　　進總聯合會, 2001.

曺在松, 「三國演義 關羽 形象에 대한 思想史的 考察」, 『中國學研究』16,
　　　中國學研究會, 1999.

周采赫, 『元朝官人層研究』, 正音社, 1986.

진성규, 「鮮初 斥佛論에 미친 韓愈의 影響에 대하여」, 『韓國史學史學報』
　　　16, 한국사학사학회, 2007.

蔡東洲·文廷海, 『關羽崇拜研究』, 成都, 巴蜀書社, 2001.

蔡尙植, 『高麗後期佛教史研究』, 一潮閣, 1991.

千寬宇, 「洪大容」, 『朝鮮實學의 開拓者 10인』, 新丘文化社, 1973.

崔南善, 「麗蒙文化의 交流」, 『故事通』, 『六堂崔南善全集』, 玄岩社, 1974.

崔韶子, 『東西文化交流史研究』, 삼영사, 1987.

崔信浩, 「湛軒의 儒學思想과 文學觀」, 『韓國文學研究』13, 東國大, 1990.

최형욱, 「韓愈的斥佛思想探討」, 『中國語文學論集』7, 中國語文學研究

會, 1995.

韓　愈,『韓昌黎全集』, 台北, 新文豊出版公司, 1977.

한종수,「朝鮮後期 肅宗代 關王廟 致祭의 性格」, 중앙대학교 대학원 석
　　　사논문, 2003.

허권수,「韓愈 詩文의 韓國에서의 受容」,『中國語文學』9, 嶺南中國語文
　　　學會, 1985.

허남진,『韓中修交詩集』, 韓國漢詩研究院, 1989.

許興植,『高麗佛教史研究』, 一潮閣, 1986.

黃義東,「孟子의 天命思想」,『論文集』17, 清州大學校, 1984.

황　희,「韓愈 潮州刺史 左遷時 往返路程考」,『中國語文論叢』13, 中國
　　　語文研究會, 1997.

저자 **김동욱**

성균관대학교 국어국문학과 졸업
한국정신문화연구원 한국학대학원 문학석사
성균관대학교 대학원 문학박사
현재 상명대학교 한국어문학과 교수

저서 : ≪고려후기 사대부문학의 연구≫, ≪고려사대부 작가
　　　론≫, ≪따져가며 읽어보는 우리 옛이야기≫, ≪실용
　　　한자 · 한문≫, ≪대학생을 위한 한자 · 한문≫

역서 : ≪완역 천예록≫(공역), ≪국역 동패락송≫(천리대
　　　본), ≪국역 기문총화≫(연세대 4책본)1-5, ≪국역
　　　수촌만록≫, ≪옛 문인들의 붓끝에 오르내린 고려시
　　　≫1 · 2, ≪국역 청야담수≫1-3, ≪국역 현호쇄담≫,
　　　≪국역 동상기찬≫, ≪국역 학산한언≫1 · 2, ≪국
　　　토산하의 시정≫, ≪새벽 강가에 해오라기 우는소리
　　　≫상 · 중 · 하, ≪교역 태평광기언해≫(멱남본)1-5,
　　　≪국역 실사총담≫1 · 2, ≪교역 오백년기담≫(장서
　　　각본), ≪국역 동패락송≫1 · 2(동양문고본)

중세기 한·중 지식소통연구

초판인쇄 2012년 12월 26일
초판발행 2012년 12월 31일

저   자 김동욱
발 행 처 박문사
발 행 인 윤석현
등   록 제2009-11호
주   소 서울시 도봉구 창동 624-1 북한산현대홈시티 102-1106
전   화 (02) 992-3253(대)
팩   스 (02) 991-1285
전자우편 bakmunsa@hanmail.net
홈페이지 http://www.jncbms.co.kr
책임편집 이신

ISBN 978-89-98468-00-2 93710   정가 16,000원